어느 시골교회 목사의 삶과 신학

목사 사용설명서

김선주

목사 사용설명서

지은이	김선주
초판발행	2016년 12월 20일

펴낸이	배용하
책임편집	배용하
일러스트	천정연

등록	제364-2008-000013호
펴낸곳	도서출판 대장간
	www.daejanggan.org
등록한곳	대전광역시 동구 우암로 75-21 (삼성동)
편집부	전화 (042) 673-7424
영업부	전화 (042) 673-7424 전송 (042) 623-1424

분류	신앙 | 목회 | 교회
ISBN	978-89-7071-396-0 (03230)

 값 10,000원

목사 사용설명서

김 선 주

김선주목사의
삶과 신학

목회도 패러다임이다.

목사는 교회를 통해 기독교적 가치를 이 땅에 실현하려는 사람들을 독려하며 그들과 삶의 공유하는 지도자다. 목회는 지역적일 수밖에 없다. 하지만, 목회자는 세계사적인 인식과 사유를 통해 지역의 상황과 문제들을 통찰해야 한다.

목회자의 예언자적인 감수성은 바로 이런 통찰에 기인하다. 예언자적인 목회자는 교회를 경영하고 교인들을 관리하는 기능적 목회자가 아니라, 세계사의 흐름을 읽고 그것을 자기가 위치한 지역과 시대에 맞게 해석하고 실행할 수 있는 사람이다. 예언자적인 목회자는 '시골교회' '작은교회'라는 외적 조건을 보지 않는다. 시대를 읽고 지역에 대한 이해와 통찰을 통해 교회의 비전을 세우고 그것을 향해 전력한다.

나는 소외되고 추락한 사람들의 변방에서 그들의 삶의 현장에 있으려고 노력했다. 교회가 사람들의 삶의 현장에서 분리된 특수한 공간이 아니라, 사람들의 필요에 따라 그곳에 녹아들어가는 살아있는 생물이라는 것을 보여주고 싶었다. 성경의 문자와 교리적 언어에서 삶의 언어로 소통의 도구를 바꾸려고 노력했다. 그것이 우리 시대와 또 내가 거하고 있는 상황이 요구하는 목회 패러다임이기 때문이다.

목회도 패러다임이다.

1부
목사사용설명서

나는 축복이다

오늘로 3일째 중노동을 했다. 11월의 산골마을 새벽 6시는 깜깜한 시간이다. 새벽에 일터로 나가 새참과 점심을 먹는 시간 외에 허리 한 번 곧게 펴질 못했다. 추수철이 됐는데 일손을 구하지 못해 애간장을 태우는 지우네 집에 사흘째 일을 해 주었다. 사택 보일러가 고장난 11월 물한계곡의 추위는 온 집안을 얼음방으로 만들어 버렸다.

찬물로 샤워를 하고 전기장판에 눕는다. 찬물을 끼얹을 때 물이 닿는 피부마다 전기에 감전되는 것처럼 충격이 가해졌다. 어떤 때는 면도칼로 피부를 긋는 느낌이다. 오리털 패딩을 두 개나 껴입고 맥반석오징어처럼 전기장판 위에 몸을 오그린다. 너무 춥다. 배도 고프다. 아내와 아이들이 보고 싶다. 이곳 교회에 부임은 했지만 40만 원 되는 사례비로 가정을 꾸릴 수 없어 아내가 대전에서 가정어린이집 교사를 하며 가사를 책임지고 있다. 책정된 사례비는 고사하고 교회 전기요금도 낼 수 없는 형편에 아내마저 직장을 포기할 수 없었다. 나 혼자 교회에 거주하며 사역하고 주말에만 아내와 아이들이 교회로 내려온다. 목회자는 교인들의 거주공간에 함께 있어야 한다는 내 신념에 따라 이 얼음장 같이 차가운 교회와 사택에 머물며 교인들의 삶과 함께하는 중이다.

나는 목회자로서 교인들을 위해 하나님의 축복을 비는 기도를 가끔 한다. 하지만, 축복이 관념의 언어로 끝나서는 안 된다. 일손이 필요한 사람에게 일손을 제공하는 것이 그들에게는 지금 당장의 축복이다. 목마른 사람에게 지금 당장 물 한 모금을 주는 것이 축복이다. 막연한 미래를 기대하게 함으로서 현실의 목마름을 이기게 하는 것은 축복을 가장한 위선이다. 목회자들은 성도들에게 내세의 축복이나 먼 미래에 혹시 다가올 행운을 기대하게 하는 경우가 많다. 그것은 지금 여기서 성도들이 받아야만 되는 긴급한 축복을 망각하게 만든다.

땀 흘리는 농부들의 세계에서 교양인인 척 하지 않기 위해 나는 노력한다. 사랑, 은혜, 축복 등과 같은 종교적 관념어 뒤에 숨지 않기 위해 나는 노력한다. 교회가 성도들의 삶의 현장에서 분리된 언어, 관념화된 종교언어로만 소통하려 할 때 소통이 가로막히기 때문이다. 노동현장과 농사의 세계에서는 노동이 소통의 언어다. 슬픔 가운데 있는 사람들에게는 그들과 함께 흘리는 눈물이 소통의 언어다. 배움을 필요로 하는 학생들에게는 교육이 소통의 언어다.

그런 의미에서 나는 독일의 자유주의 신학자 슐라이어 마흐를 좋아한다. 그는 새로운 시대에 맞는 언어를 사용하여 소통한 사람이다.

우리나라와 같이 보수적인 신학이 주도하는 교회들에서는 자유주의가 빨갱이라는 낱말과 유의어로 쓰이는데 그는 자유주의의 원흉으로 지탄받는 신학자다. 그런데 자유주의의 출발점이 된 그의 책 『종교론』의 원제목은 〈종교를 경멸하는 교양인들을 위한 강연〉이다. 여기서 말하는 교양인은 근대적인 사고체계 즉 계몽주의적인 사유체계로 종교를 비판하는 지식인을 말한다. 슐라이어 마흐는 변화하는 시대에 변화하는 패러다임으로 기독교를 변증한 신학자다. 한스 큉은 종교도 하나의 패러다임이라고 정의하였다. 나는 이 말에 동의한다. 그는 원시그리스도교에서 현대 에큐메니컬까지 기독교의 역사를 열거하면서 변화하는 시대에 맞는 패러다임을 주장하였다. 교회와 목회자가 설득력을 잃는 것은 우리만의 언어로 세속사회에 소통하려 하기 때문이다.

교육받지 못한 노인에게 사용해야 할 어휘와 수사법修辭法이 있고 어린이에게 사용해야 할 어휘와 수사법이 있다. 마찬가지로 그 시대의 패러다임과 그 시대의 언어를 사용하는 것이야말로 소통의 기본이다. 내가 살고 있는 이곳의 소통언어는 노동이다. 나는 노동을 통해서 사람들과 대화하는 중이다. 입으로 축복 받으라고 백 마디 말하는 것보다 사람들의 필요를 충족시켜주는 노동이 내가 지금 여기에서 하나님의 이름으로 줄 수 있는 축복이다. 나는 축복이다.

옥합을 깬아이

어느 날 주일학교 아이들이 뭔가 소곤거리기 시작한다. 무슨 일이냐고 물어도 저희끼리 킬킬거리기만 한다. 때가 되면 알려 줄테니 기다리란다. 드디어 주일 오후가 되었다. 5학년 유진이가 뭔가를 손에 쥐어준다. 초청장이다. 오늘 오후에 학예회가 있으니 꼭 오란다. 나는 무슨 학예회를 주일날 하냐고 했더니 이건 학교에서 하는 게 아니라 우리교회 주일학교 아이들끼리 하는 거란다. 그러니 나와 아내는 특별 초대 손님이고 우리 두 부부가 관객의 전부인 셈이다.

우리는 초청 장소인 진료소 정자로 갔다. 그런데 아이들 중 3명이 비어 있다. 이들은 태민이, 지우, 태우 남매다. 왜 그 애들이 없냐고 하자 어제 저녁에 말썽 피운 게 들켜서 할머니에게 혼이 나면서 끌려갔단다. 태우가 갓 태어났을 때 아빠가 교통사고로 하늘나라로 가고 이

삼남매는 시골의 외할머니에게 맡겨졌다. 친외할머니도 아닌데다 할머니 성격이 보통이 아니다. 보름을 준비한 것을 보여주지도 못하고 울면서 끌려간 어린 3남매를 생각하니 마음이 짠했다. 얼마나 닦달을 당하며 혼꾸멍이 날까 생각하니 마음이 더 짠했다.

그럼에도 불구하고 아이들은 빈자리를 메워가며 임기응변으로 프로그램을 잘 메워갔다. 몸이 뚱뚱하여 아이들에게 놀림을 받는 유진이는 엄마 아빠의 이혼으로 외할머니 집에 맡겨진 아이다. 그나마 외할머니의 음주와 함께 사는 증조할머니의 치매 때문에 스트레스가 심해 폭식증이 있는 아이다. 그 유진이가 이 모든 것을 준비하고 순서를 능수능란하게 잘 요리해 간다. 본인이 사회를 보며 자기보다 한 살 위에 있는 언니들까지 통솔한다. 리더십이 대단하다. 그리고 재능과 끼도 있어서 연예인 뺨치는 멘트를 날리며 분위기를 능숙하게 요리한다.

춤과 노래, 그리고 즉흥시를 지어 낭송하는 것까지 어설프지만 양념을 골고루 뿌려가며 맛깔스럽게 40여 분을 소화하였다. 행사가 끝나고 행운권 추첨까지 한다. 숫기가 없어 떨리는 음성으로 고개를 숙였던 효정이나 통나무 같이 뻣뻣한 몸동작을 보여주어 보는 아이들에게 야유를 받았던 몸치 효원이도 추첨할 때는 물 만난 건미역처럼 생기가 돋는다. 그런데 추첨을 할 때마다 쏟아져 나오는 많은 상품들을 보면서 은근히 걱정이 됐다. 이 많은 상품을 무슨 돈으로 샀을까 하는 생각 때문이다. 나는 아이돌 가수의 브로마이드가 상품으로 뽑혔고 아내는 포스트잇이 옵션으로 딸린 작은 코알라 인형이 뽑혔다.

걱정이 돼서 아이들에게 물어보았다. 이 많은 상품을 도대체 어떻게 구했냐고. 그 때 몸이 뚱뚱하고 볼 살이 복숭아 빛으로 통통한 유진이가 이렇게 말한다.

"내가 지금까지 선물 받아 모아놓은 거 다 가져왔어요, 히히."

누가복음에 나오는, 옥합을 깨뜨려 예수님의 발을 씻긴 여인이 유진이의 모습과 오버랩 됐다. 가난하여 남보다 더 가지고 싶은 것도 많고 가진 것에 대한 애착도 많을 법한 아이인데도 자기가 가진 모든 것을 이 한 방에 털어버린 아이의 마음을 생각하니 기쁘고 감사하기도 하면서 또 한편으로는 마음이 아렸다. 나는 유진이의 상처 많은 마음 속에 사람과 세상을 향한 대범함과 열린 정신을 보았다. 유진이가 꿈꾸는 연예인이 되지 못한다 하더라도 나는 유진이가 이 세상 살아가면서 좌절하거나 절망하지 않기를 기도한다. 많은 사람에게 선한 영향력을 끼치며 아름다운 관계를 맺기를 기도한다. 지금은 상처 때문에 친구들과의 관계가 빗나가고 상처를 주고받지만 하나님의 사람 유진이에게 빛나는 그 날이 오기를 기도한다. 그리고 당당하고 의연한 한 사람으로 이 세상을 마주하기를 기도한다.

지인이 먼 곳으로부터 찾아왔다. 몇 개월 동안 소식을 끊었다가 갑자기 찾아온 내력이 교통사고 때문이란다. 앞에 가는 차를 뒤에서 추돌했단다. 하나님의 은혜로 자신은 털끝 하나 다치지 않고 병원에 며칠 누워있다 나왔단다. 참으로 하나님의 은혜라고 몇 번을 힘주어 말했다. 그 하나님의 은혜를 강조하기 위해 그는 상대 차량에 탑승한 두 사람의 상태를 힘주어 말했다. "그 사람들은 아직도 중환자실에 있다"라고.

그들에 비하면 자기는 얼마나 다행인가, 그리고 그 다행수에 하나님의 개입이 있었고, 이는 하나님이 자신을 특별히 사랑하시는 증거 아니겠냐고 너스레를 떨었다. 사고를 유발한 자신의 책임과 피해자들의 위급한 상태에 대해서는 어떤 감정도 없는 것 같았다. 그는 대형 사고에서 살아난 안도감에 취해있었다. 그리고 그것은 하나님이 자기를 특별히 사랑해서 보호해 주었다는 감사의 고백을 낳았다. 자신의 과실로 인해 중환자실에서 생사의 기로에 있는 상대방에 대해 미안한 감정 따위는 전혀 없어 보였다. 좋은 믿음을 가진 것처럼 보였다. 오직 하나님이 자신에게 베푸신 은혜에 감격하고 있었기 때문이다.

이 사람을 통해 나는 오늘날 사회와 이웃에 대한 책임감과 윤리의식을 잊어버리고, 오직 '나 하나만을 위한' 축복의 도구로 하나님을 이용하고 있는 기독교인의 전형을 보았다. 하지만, 성경은 개인에게 주어지는 축복도 궁극은 공동체를 위한 것이라고 가르친다. 이웃에 대한 책임의식과 공동체의 윤리를 망각한 축복은 하나님이 주신 것이 아니라고 말할 수 있다. 내 얘기가 아니라 성경의 얘기다.

타인을 희생시키고 얻은 대가는 하나님의 축복이 아니다. 진정한 은혜와 축복은 '나와 너'가 동시에 누리는 것이다. '너'는 없고 '나'만 있는 것은 은혜도 아니요 축복도 아니다. 하나님의 이름을 팔아 천박하고 상스러운 이기심을 충족시키는 게 신앙인의 태도가 되어서는 안 된다.

성경의 메시지는 공동체와 인간의 보편적 구원을 향해 있다. 아브라함으로부터 야곱과 요셉, 그리고 모세로 이어지는 소명과 사명의 여정은 그들 개인을 위한 것이 아니라 민족 공동체를 위한 것이었다. 나아가 이것은 예수에게로 귀결되어 인류 구원을 향하여 나아간다. 그런데 우리는 나 하나만의 축복을 위한 신앙 행위로 모든 것을 귀결시키고 있다. 이것은 성경의 메시지와 기독교 신앙을 알지 못하는 유아적 신앙다. 신앙은 개인화 되었고 하나님도 개인의 이기적 발복을 위한 도구로 전락하고 말았다.

하나님이 인류 구원을 위해 우주적으로 역사하는 존재에서 개인과 가정을 위한 가정신으로 전락하고 만 것이다. 나와 내 가족의 이익을 위해 역사하는 옹졸한 하나님으로 말이다.

하나님을 향한 신앙은 동시에 이웃을 향한 윤리의식을 동반해야 한다. 타인의 고통에 눈감거나 나의 이익을 위해 타인에게 고통을 유발하는 일은 하지 말아야 한다. 타자에 대한 이해와 관용 없이 하나님을 신앙한다고 하는 것은 위선이다. 인간을 향한 하나님의 구원 계획은 타자화된 인간을 주체의 자리에 옮겨놓는 것이다. 죄로 인해 타자화된 우리가 예수 그리스도의 십자가의 도道로 인하여 주체의 자리로 오른 것은 기독교의 핵심사상이다. 그것을 가능케 한 것이 바로 사랑이다. 사랑은 대립과 갈등을 낳는 인간의 이기적 본성을 극복하는 인간의 내적 에너지다. 그것이 십자가를 통해 절정에 오르며 형상화된 것이다. 십자가는 자기를 희생시켜 타자화된 인간을 주체의 영역으로 끌어올린 하나님의 자기 형상이다.

나의 이익을 위해 누군가를 타자화시키고 그의 고통에 눈감는다면 이는 하나님의 사람이 결코 아니다. 나의 이익과 구원을 위해 타인을 외면하지 말라. 그것은 결코 하나님의 뜻이 아니다.

새벽 3시에 연탄 밑불을 빼다

밤 12시 넘어서 전화벨이 울렸다. 늦은 시간에 전화벨이 울리면 가슴이 덜컹한다. 누군가에게 위급한 일이 생겼다는 신호다. 고령의 독거노인들이 많은 우리 같은 시골교회의 목회자는 항상 위급한 상황에 대비해야 한다. 특히 장례식에 대한 준비를 항상 하고 있어야 한다.

숨넘어가는 목소리로 늦은 밤에 전화를 걸어온 이는 다행히 열흘 전쯤에 보일러를 교체해주었던 독거노인이다. 아들 집에 다녀와서 연탄을 새로 폈는데 어딘가에서 물이 새면서 방은 따뜻하지 않다고 한다. 며칠 전에 물이 새어 부속을 새로 사다가 교체했는데 이번에는 또 어디서 새는가 싶어 눈을 부비며 연장통을 들고 출장을 갔다.

아들 집에 가 있는 며칠 동안 연탄보일러가 꺼져 있었으니 얼어버린 것이다. 보일러에서 엑셀 파이프로 연결되는 철구조물에서 물이 샜다. 물이 얼면서 팽창하여 청동 이음관Elbow을 찢어버린 것이다. PVC 재질의 엑셀 파이프는 신축성이 있어 파열하지 않지만 보일러에서 엑셀 파이프와 연결되는 동銅 파이프는 물의 팽창에 의해 기형적인 운동을 하게 된다. 그래서 뒤틀리거나 찢어져 물이 새게 된다. 연결 부위를 너트로 너무 단단하게 조여 그 주위의 철구조물이 파열하게 되는 것이다. 할머니 집의 보일러도 그러한 증상으로 모터펌프의 연결 부위가 파열된 것이다. 항상 보일러의 소규모 부품을 준비해놓는 덕분에 그 정도의 부품은 연장통에 얼마든지 있지만 문제는 순환모터였다.

참으로 난감했다. 철물점이 있는 읍내까지는 35킬로미터를 나가야 하는 문제도 있지만 지금은 모두 문을 닫은 밤늦은 시간이기 때문이다. 이미 자정을 넘겨버린 시간에 순환모터를 구할 길은 없다. 그렇다고 이 추운 밤에 할머니가 웅크리고 잘 생각을 하니 마음이 편치 않았다. 한참을 고민하다 보니 교회에 작동이 잘 안 되어 교체하고 난 뒤 버리지 않고 처박아둔 순환모터가 생각났다. 다른 철 폐기물과 함께 모아놓았다가 고물상에 주려고 분리수거해 놓은 것이다. 그거라도 가져다 시험 삼아 연결해보기로 했다.

혹시 모를 불의의 눈길 사고를 염려해서 차를 두고 걸어서 교회로 왔다. 추운 밤 계곡을 훑고 지나가는 칼바람이 귓불을 면도칼처럼 날카롭다. 오리털 점퍼 주머니에 손을 넣어도 손끝이 떨어져 나갈 것처럼 아팠다.

추운 밤길을 터벅터벅 걸어갔다 오는 사이에 할머니는 냉방에서 연신 콜록거리고 있었다. 그 소리를 듣자 한시라도 빨리 갔다 오지 못한 게 미안했다. 다행히 모터가 잘 작동이 됐다. 이제 연탄을 살려야 했다. 할머니가 저녁에 번개탄을 넣어서 불을 붙인다는 게 얄밉게도 번개탄만 몇 개 잡아먹고 말았나 보다. 연탄이 약간 젖어 있었다. 연탄이 뜨겁게 타오를 때면 조금 젖은 연탄을 갈아도 잘 살아나지만 한 번 꺼진 연탄, 특히 젖은 연탄은 새로 불을 붙이기가 여간 힘든 게 아니다.

그래서 나는 사택으로 가서 연탄보일러의 밑불을 빼왔다. 먼 거리를 걸어서 연탄불을 빼오면 불이 꺼지거나 다 식어버릴 수 있기 때문에 눈길의 위험을 무릅쓰고 차를 가져가야 했다. 젖은 연탄이라서 또 불이 안 붙을까봐 집에서 마른 연탄을 몇 개 가져가 불을 붙였다. 불이 붙었는지 최종적으로 확인하고 집에 가기 위해 방에 들어가 이불 밑에 손을 넣어보았다. 하지만, 아직도 온기가 없다. 보일러가 정상적으로 작동을 하니 조금만 참으면 온기가 돌 것이라고 일러주고 집으로 왔다.

집에 오니 새벽 2시였다. 방은 식어 있었다. 밑불을 빼서 새 연탄을 넣으니 새 연탄이 아직 불이 붙지 않아 방이 쌀랑하게 식어버린 것이다. 아내는 애벌레처럼 움츠리고 잠들었다. 잠든 아내 옆에 차갑게 식어버린 몸을 눕히자 아내가 내게 무의식적으로 몸을 붙이다가 차가운 기운에 놀라 얼른 돌아눕는다. 몸이 차가워서 잠도 안 오는데 싸락싸락 눈 내리는 소리가 귓가에 쌓인다. 그 소리가 가물거리다가 꺼져버릴 때쯤 나는 달콤한 잠에 빠졌다.

그런데 겨우 잠든 나를 전화벨이 또 다시 깨웠다. 시계를 보니 4시였다. 그 할머니였다. 다급한 목소리였다. 마치 전쟁통에 폭격이라도 맞은 사람처럼 목소리가 흥분됐다. 다급한 그의 말은 마치 콘크리트 바닥에 쇳조각 긁히는 소리 같은 거친 비명이었다. 보일러 물이 끓어 넘치는 모양이었다. 부엌의 전기 스위치를 내려놓고 부엌에 절대 들어가지 말라고 타이른 다음 다시 연장통을 들고 달려갔다. 보일러에서 펑펑 소리가 나면서 물이 부엌 천정으로 솟구치고 있었다. 부엌 안은 뿌연 수증기로 가득차서 아무것도 보이지 않고 바닥에는 물이 흥건했다. 보일러의 물은 데워졌는데 청동으로 된 다른 이음새Elbow에 얼음이 박혀 온수가 순환하지 못하고 역류하며 솟구치고 있었다. 거기다 폭탄 터지는 듯한 엄청난 소리까지 나니 할머니가 경기를 하게 된 것이다.

다시 집으로 가서 토치램프를 가져다 동銅으로 된 이음관을 녹이고 나니 모터가 정상적으로 온수를 순환시켜주었다. 그런데 솟구친 물 때문에 연탄 화덕과 아궁이에 물이 들어가 불붙은 연탄까지 꺼트려버렸다. 난감하게 되었다. 황토로 구운 화덕까지 젖어버렸으니 이제 연탄불 붙이는 것도 어렵게 됐다. 방에 들어가 보니 온수가 순환이 안 되어 아직도 냉골이다.

산골 마을의 겨울밤은 너무도 길다. 여름 같으면 조금 있다가 해가 뜰 시간이지만 겨울밤 새벽 4시면 해가 뜨기에 아직도 먼 시간이다. 다시 집에 가서 연탄 뚜껑을 열어보니 불이 이제 겨우 붙어서 타오르고 있었다. 이제 겨우 불 붙어 타기 시작한 밑불을 다시 빼내서 할머니 집으로 가져가려고 차에 실었다. 그런데 졸린 눈으로 운전을 하다 보니 코를 찌르는 냄새가 났다. 뜨거운 연탄불을 담은 양철통 밑에 벽돌 두 장을 깔았지만 워낙 뜨거웠던지 승합차 바닥재가 녹고 있었다. 급하게 차를 세우고 연탄불을 끄집어내고는 모든 차문을 열었다. 그리고 눈에 불을 켜고 길가의 눈을 맨손으로 퍼담아 녹아내리는 장판 위에 던졌다. 장판은 조금 눌어붙었지만 큰일은 면했다. 그러자 이번에는 눈이 쌓인 길 위에 놓은 양철통 속의 연탄불이 치익, 소리를 내며 눈을 녹였고 그 눈 녹은 물이 양철통으로 스며들어 연탄불을 살해하고 있었다.

차를 길 위에 세워두고 연탄불이 든 양철통을 들고 냅다 뛰어 할머니 집으로 갔다. 죽어가는 새 밑불을 넣고 열심히 부채질을 했다. 그러자 연탄불이 서서히 살아나며 젖은 화덕까지 마르고 있는 것이 보였다. 눈꺼풀이 중력을 이기지 못하고 자꾸 산사태처럼 무너져 내렸다. 꾸벅꾸벅 졸면서 한참을 부채질하자 불꽃이 올라오는 게 보였다. 이만하면 화덕도 마르고 다시 불이 꺼지지 않을 것 같았다. 방에 들어가 이불 밑에 손을 넣어보니 온수가 순환되며 온기가 조금씩 올라오는 게 느껴졌다.

집으로 돌아왔을 때 시간은 5시를 조금 넘기고 있었다. 방으로 들어갔을 때 방의 온기가 막 올라오다가 다시 내려가는 게 느껴졌다. 아내와 아들이 곤히 잠든 방의 밑불을 빼면 방이 쌀랑하게 식어버리는데 오늘은 하룻밤에 두 번이나 방을 식게 만들었다. 아내와 아들에게 미안했다.

눈은 그치고 하늘은 맑아졌다. 이제 기도할 시간이 되어 예배당에 들어가니 하품만 나오고 기도도 안 된다. 정신은 말똥거리는데 기도하기에는 혼미한 상태다. 그래서 밖에 나가 길을 걷는다. 구름 한 점 없는 새벽 하늘이다. 별들이 소낙비처럼 쏟아지는 그 새벽에 나는 나에게 묻는다.

'나는 내가 하고 있는 이 일을 위해서 내 가정을 어디까지 희생시킬 수 있는가.'

그 질문은 면도칼 같은 새벽 추위보다 더 매서웠다.

잡놈, 그리고 꿀맛

비가 온다는 일기예보는 농사꾼의 마음을 분주하게 한다. 비가 오기 전에 서둘러 해야 하는 일이 있는데 오늘은 새벽바람에 우리 박권사님에게서 전화가 왔다.

"목사님, 오늘 비 온다 카는데 꿀을 떠야겠시요."
"황점 벌통 있는 밭으로 5시까지 오면 돼요."

예배당에 들어가 졸린 눈으로 잠깐 기도한다. "하나님, 오늘은 우리 박권사님이 급한가본디요. 오늘은 쪼까만 기도하고 갈랑게 섭하게 생각허지 마시유 잉~. 알았쥬?"

아직 날도 밝지 않아 사방이 침침해서 마빡등이마에 걸쳐 쓰는 후레쉬을 켜고 가야 했다. 그런데 새벽을 깨우는 소리가 사방에서 들린다.

언젠가 열대지방에서 밀림이 깨어나는 소리를 들은 적 있는데 그 느낌이다.

벌통에 도착하니 박권사님과 부인 집사님, 그리고 동네 아주머니 한 분이 도착해 있었다.

윙윙거리는 벌들에게 쑥연기를 피워 저항을 무력화시켰다. 벌통을 열고 벌섶을 돌돌이외발 수레에 실어 채밀기에 갖다주면 거기서 벌섶에 박힌 꿀을 돌려 뺀다.

꿀이 쏟아진다, 꿀이. 한 통 두 통 꿀이 차일수록 내가 더 신난다. 나는 꿀머슴, 나는 꿀머슴이다. 신이 나서 돌돌이를 더 힘차게 밀고 다닌다. 그런데 우리 권사님 느닷없이 하는 말씀이 "우리 목사님은 눈치도 빠르고 센스 있게 일을 척척 잘 해서 좋아요. 목사님이랑 일하면 뭐든지 잘 될 거 같아요."

빗방울 떨어지는 소리에 작업을 중단하고 나무 그늘에 숨어든다. 그 때 아주머니가 빵을 가져와 먹으라 한다. 그리고 꿀통에 가서 작은 사발로 꿀을 푹 퍼온다. 사발 옆으로 질질 흐르는 꿀을 거칠게 갈라진 손으로 싹 닦아 쪽 빨아먹는 솜씨가 개구리 파리 채는 솜씨다.

빵을 찢어 꿀 사발에 푹 찍어 입에 넣는 순간 눈물이 왈칵 쏟아졌다. 뭐라 형언할 수 없는 맛과 향이 입안에 풍만하였기 때문이다. 수많은 꿀을 먹어봤지만 이런 맛과 향이 있었나 싶었다. 지금까지 내가 먹었던 꿀들이 다 가짜는 아니었을까 하는 의심이 들었다. 꿀맛이 이런 맛이었구나 하는 생각이 들었다. 단 것을 좋아하지 않는 내가 꿀맛에 푹 빠져버린 것이다.

그 때 내 표정을 본 권사님이 이렇게 말한다. "지금은 아카시아 꽃이 끝물인데다 다른 꽃들이 많이 피어서 온갖 잡꿀들을 다 물어와요, 벌들이. 그래서 지금 뜨는 꿀을 잡꿀이라 캐요. 사람들이 몰라서 그렇지 진짜 꿀은 잡꿀이라요. 산에 있는 온갖 약초의 꿀을 퍼다 모은 것이 이 잡꿀이라요."

아, 잡꿀. 세상 모든 꽃들이 제 향기를 섞어 하나로 만든 꿀.

나는 퍼뜩 '잡놈'이라는 말이 떠올랐다. 어떤 하나의 전문성을 가진 순혈적 인간이 아니라 모든 것을 다 알고, 다 할 줄 알고, 다 소통하는 인간. 만능 인터테이너.

나도 잡놈이 되고 싶어졌다. 목사라는 제사장적 순혈주의, 그 위선적인 거룩함과 순혈주의적 사제의 모습을 벗고 잡놈이 되고 싶다.

그러고 보니 예수님도 참 잡스럽게 사셨다. 목수, 의사, 선생, 혁명가, 설교자, 상담가…….

아, 그래서 예수님 말씀이 꿀맛이었구나.

목사 사용설명서

　주일예배 시간에 교인들에게 전단지를 한 장씩 나눠주며 전화기 옆에 붙여놓으라고 했다. '이럴 때는 전화하세요'라고 타이틀을 붙였지만 내가 의도한 속뜻은 〈목사 사용설명서〉다. 본래 의도대로 타이틀을 붙이면 교인들이 거부감을 느낄 것 같아 순화시킨 것이다.

　몇 명 안 되는, 노인들이 전부인 시골교회에서 목회를 하다 보니 내 진심을 가로막는 일들을 경험하게 되었는데, 그것은 목회자에 대한 교인들의 지나친 분리의식이었다. 목사는 기도만 하고 말씀만 연구하며 교인들의 현실적인 삶의 문제에서 분리된 영역에 존재해야 한다고 생각하는 것이다. 오랫동안 신앙생활을 해 온 교인들일수록 이런 관념을 강하게 가지고 있다. 이들의 이러한 인식이 목회자를 삶의 현장으로 들어가 사람을 섬기는 일을 방해한다. "목사님이 왜 그런 일을 하세요?", "우리 목사님을 왜 힘들게 하고 그랴?" 등의 목사 감싸기와 보호하기를 열정적으로 하는, 오래된 신앙관념들이 나의 발목을 잡을 때가 많았다.

목회자는 섬기는 직분이라고 누누이 설교를 해도 하나의 잘못된 관념에 빗장 질린 그들의 생각은 열릴 기미를 보이지 않았다. 그래서 급기야 이런 유치한 전단지를 손에 들려주고야 말았다. 이걸 통해 교인들이 나에게 전화할 리는 만무하다. 하지만, 이 문구들을 한 번씩이라도 읽을 때마다 목사가 당신들의 삶의 현장에 있어야 하는 존재라는 걸 의식할 수 있을 거라 생각한다.

10번 항목의 경우는 더욱 전화할 리 만무하다. 하지만, 이 항목을 넣은 특별한 이유가 있다. 노인들은 경로당에 모일 때마다 화투를 친다. 우리 교인들도 함께 어울려 화투를 친다. 예고 없이 경로당을 방문하는 나를 볼 때마다 화투장을 부챗살처럼 펴 들고 있던 교인들은 간음하다 들킨 여인처럼 화들짝 놀라며 홍당무가 되어 안절부절 못한다. 이들의 화투는 10원 내기 민화투, 점 10원짜리 고스톱 그 이상을 넘지 못한다. 또 하루 종일 화투를 쳐도 판돈이 천 원을 넘지 못할 뿐만 아니라 돈을 딴 사람은 그 돈을 반찬값으로 경로당 공금에 기부하는 것을 관례로 한다. 그러니 애초에 투기성 화투가 될 수가 없다.

그들의 화투는 노인들이 즐길 수 있는 유일한 동계스포츠다. 하지만, 그들은 화투에 대한 부정적 관념 때문에 실제로는 즐기고 있으면서도 내면에서는 거부되는 이중적 태도를 보이고 있다. 그래서 나는 이렇게 에둘러 말하려는 것이다. "화투는 나쁜 게 아니라 목사도 함께 즐길 수 있는 스포츠입니다"라고. 8,90대 노인들에게 화투처럼 리비도를 자극하고 뇌기능을 활성화시킬 만한 것은 없다.

예수님의 복음이 교인들의 사소한 기쁨까지 빼앗고 건전한 욕망의 지향점까지 통제하는, 옹졸한 규범으로 전락해서는 안 된다. 그거야말로 바리새적인 일이다.

내가 교인들에게 자유를 주듯이 그들도 나에게 자유를 주었으면 좋겠다. 그래서 당신들의 삶의 현장으로 나를 깊이 초대해 주었으면 좋겠다. 목사는 불상처럼 모셔두는 게 아니라 필요에 따라 써먹어야 하는 존재라는 걸 말하고 싶었다. 그래서 〈목사 사용 설명서〉까지 손에 들려주는 촌극을 연출한 것이다.

〈이럴 때는 전화하세요〉

1. 보일러가 고장나면 전화합니다.

2. 텔레비전이 안 나오면 전화합니다.

3. 냉장고, 전기가 고장나면 전화합니다.

4. 휴대폰이나 집전화가 안 되면 전화합니다.

5. 무거운 것을 들거나 힘쓸 일이 있으면 전화합니다.

6. 농번기에 일손을 못 구할 때 전화합니다.

7. 마음이 슬프거나 괴로울 때 전화합니다.

8. 몸이 아프면 이것저것 생각 말고 바로 전화합니다.

9. 갑자기 병원에 갈 일이 생겼을 때 전화합니다.

10. 경로당에서 고스톱 칠 때 짝 안 맞으면 전화합니다.

물한계곡교회 745-**** / 010-****-**** 김선주 목사

TV에 안 나오는 목사

페이스북에 포스팅한 〈목사 사용설명서〉가 예기치 않게 사람들의 관심을 받게 됐다. SNS상에 이것이 확산되면서 공중파 방송국 콘텐츠와 일부 종편에까지 소개되는 사태가 벌어졌다. 이로 인해 일간지와 몇 개의 잡지에 인터뷰 기사가 실렸다. 이 얘기는 내 의도와는 무관하게 걷잡을 수 없이 퍼져나갔다. 급기야 기독교계 방송국들을 비롯한 지상파 방송까지 출연 요청이 이어졌다. 하지만, 나는 그 요청들을 정중하게 거절했다. "저는 TV에 안 나오는 목사가 되고 싶습니다."라며 거절하였다. 신문·잡지는 되고, TV는 왜 안 되냐고 할 수 있을 것이다.

TV는 다른 매체에 비해 대중에게 미치는 파급력이 매우 강하다. 사람들은 TV를 매체가 아닌 그 자체로 하나의 텍스트로 받아들인다. 마샬 맥루한이 "미디어는 메시지다"라고 했는데 그가 말하고자 하는 방향과 다른 면에서 미디어도구가 메시지텍스트로 전환되는 모순이 나타나는 것이다. 예전에 TV 프로그램에 몇 번 나간 적이 있었다. 그런데 나를 아는 사람들은 내가 무슨 얘기를 했는지, 그 말에 대한 자신의 견해가 어떤지를 말하는 게 아니라 내가 TV에 나왔다는 사실에만 관심이 있었다. TV에 출연한 것만을 이슈로 삼았다. TV는 텍스트와 담론을 살해하고 그 자신이 목적이 되어 버렸다. 사람들이 TV를 이용하는 게 아니라 TV가 사람들을 지배하는 것이다. TV는 우리 시대에 또 하나의 우상이 되었다. 영상으로 보여주는 그림들을 사유나 성찰을 통해 이해하기보다 시각적 직관으로 소비하고 있는 것이다.

기독교계 방송들도 이 문제에서 자유롭지 못하다. 기독교계 방송들의 재정 빈곤이 콘텐츠의 빈곤으로 이어지는 구조를 안고 있다. 그래서 제작비가 적게 들어가는 설교, 탐방, 스튜디오 방송에 편중될 수밖에 없는 처지다. 때문에 방송설교를 원하는 목사에게 선교헌금이라는 명목으로 방송국 후원금을 요구할 수밖에 없을 것이다. 이 설교방송의 출연시간에 따라 후원금의 액수가 차등적으로 요구되기 때문에 상대적으로 대형교회 목사의 설교가 방송될 기회가 많아질 수밖에 없다. 대형교회의 보수적인 목사들의 설교가 방송을 지배하다보니 한국 개신교회와 성도들의 수준이 하향 평준화되는 결과를 낳고 말았다.

영상미디어의 특성상 교인들은 자기 담임목사가 방송에 나오는 것을 마치 목회자로서 능력을 인정받는 것처럼 생각하기도 한다. 설교의 메시지보다 자기 교회 목사가 TV에 출연했다는 사실을 더 큰 메시지로 받아들이는 것이다.

교회와 목회자는 자신이 위치한 지역의 특수성 안에서 비전을 만들고 실행해야 한다. 교회가 위치한 물리적 상황현상 가운데서 성서가 해석되고 설교가 녹아들어가야 한다. 성경과 메시지는 보편성 안에 있지만 그것이 살아 움직이는 곳은 특수성의 영역이다. 목회자는 이 보편성과 특수성의 교집합 안에서 사역하는 존재다. 그런데 기독교 미디어들은 의도하지 않았음에도 교회가 위치한 지역의 특수성을 파괴하고 보편성을 강제하게 된다. 도시와 농촌의 경제구조와 문화현상, 사람들의 정서와 심리상태가 매우 다름에도 불구하고 도시의 대형교회 목사들의 설교에 길들여지게 되는 것이다. 그러니 지역교회의 설교가 힘을 잃게 되는 것이다.

또 간혹 자신의 특수한 목회 경험이나 장기를 살려 방송에 출연한 개별 목사들이 대중에게 어필되는 경우도 있다. 이들은 유명세를 타고 이곳저곳 불려 다니며 강연이나 이벤트를 연출하고 반대급부를 받기도 한다. 만약 가난한 시골교회 목사에게 이런 기회가 찾아온다면 그것은 뿌리칠 수 없는 유혹이다. 스타가 된다는 것, 궁핍을 단기간이나마 모면할 수 있는 기회를 뿌리친다는 것은 40일을 금식한 예수님에게 돌로 떡덩이를 만들라는 사탄의 유혹만큼이나 가혹한 것이다.

내가 선 자리가 고독하고 힘들더라도, 현실이 아무리 가혹해도 그 자리에 내가 있음으로 누군가 위로받고 회복될 수 있다는 사실 하나만으로 힘을 얻어 삶을 지탱해야 하는 게 목회자의 운명이다. 그 운명을 벗어나기 위해 발을 내딛는 순간 목사는 알맹이가 깨져버린다. 껍데기만 남게 되는 것이다.

Show me the money!

어떤 분이 우리 마을로 휴가를 왔다가 교회에 들렀다. 그들의 태도와 대화를 통해 볼 때 믿음생활을 오래 했고 나름대로 신실하고 경건하게 살려는 사람들 같았다. 차를 마시고 대화를 나눈 끝에 이들은 나에게 헌금봉투를 내밀며 자기 자녀의 취직을 위해 기도해 달라는 부탁을 하였다. 나는 헌금봉투를 받고 갑자기 기도 거리 하나를 주문받은 생산자 입장이 되었다.

그들이 돌아가고 나서 부채의식이 확 밀려왔다. 그리고 묘한 감정에 휩싸였다. 묘하다고 할 때는 이것이 무엇이라고 규정할 수 없이 여러 감정이 복잡하게 얽힌 상태를 말한다. 그 묘한 감정을 프리즘을 통해 분석하면 이런 것들이다. 첫 번째는 나를 목회자로 신뢰하고 찾아와 준 그들에 대한 고마움이고, 둘째는 시골목회자에 대한 형편을 이해하고 조금이나마 도움이 될 수 있기를 희망하는 그들의 마음이다.

그러나 세 번째는 내가 돈을 받고 타인의 복을 빌어주는 주술사가 된 것 같은 느낌이다. 네 번째는 내가 가난하기 때문에 이런 종류의 헌금에 대해 무의식적으로 호감을 가진 데 대한 자기혐오감정이다. 이렇게 볼 때 매우 신실하고 경건하게 보이는 그들의 믿음도 사실은 기독교적 본질에서 매우 멀리 있는 것이라고 볼 수 있다. 이것이 더하여져 다섯 번째 감정 즉 묘한 감정을 낳았다.

나는 다섯 번째 감정 속으로 들어가 그들의 믿음과 교회, 그리고 한국교회의 지형도를 넓게 펼쳐놓고 탐색해 보았다. 그들은 분명 교회에서 매우 충성된 일꾼들일 것이다. 순수하고 성실하게 신앙생활을 해 왔을 것이다. 주일성수를 하며 교회 행사와 프로그램에 적극적으로 참여할 것이다. 담임목사님의 말씀에 매우 순종적이고 정직한 십일조를 비롯한 각종 헌금도 매우 성실하게 할 것이다. 성가대나 교회학교 교사로 봉사할 지도 모른다.

교회의 입장에서 보면 얼마나 값지고 귀한 교인들인가. 이들 교회의 담임목사님은 이들을 어떻게 대할까. 물론 최선을 다할 것이다. 최고의 종교적 언어를 동원하여 최선의 상황을 가정하는 축복기도를 해 줄 것이다. 그런데 이 아름다운 관계가 정당하고 선한 것인가에 대해 자꾸 의심이 든다. 거의 모든 교회가 다 이러한 관계 속에서 신앙을 성장시킨다고 말하고 있다.

하지만, 그것이 진정한 믿음인지는 돌아봐야 한다. 하나님에 대한 믿음과 신뢰가 어떤 대가성을 전제로 하는 것이라면 그것은 올바르지 않은 것이다. 하나님에 대한 믿음의 행위가 반대급부를 근거로 한다면 그 반대급부가 주어지지 않을 때 그 믿음은 철회될 수 있기 때문이다. 자본주의의 세속적 패러다임은 모든 것을 상호관계로 이해한다. '시간은 돈이다' 라는 서양 격언은 모든 것을 물질적 재화로 치환하여 거래수단으로 삼는 산업사회와 자본주의의 역사적 경험에서 나왔다. 그것은 근대성의 패러다임이 되었고 급기야 기독교의 내면으로 파고들었다. 그래서 기독교 신앙은 하나님께 헌신함으로서 그보다 더 큰 대가를 기대하는 것으로 변질되었다.

개신교회의 역사는 산업혁명과 자본주의의 역사와 함께 하였다. 그 과정에서 교회는 기독교적 가치관으로 세계를 정복하지 못하고 오히려 세속 질서에 편입되고 말았다. 우리의 전통사회에서 개인의 안녕과 집안의 발복을 기원하며 받들어 모셨던 수많은 우상들, 부뚜막신, 장독대신, 칠성신, 성황신들의 자리가 하나님이라는 또 다른 우상으로 교체된 것이다. 이러한 부뚜막신을 대신하게 된 하나님이 참으로 옹졸해 보인다. 나는 부뚜막신을 대신하여 누군가의 안녕이나 빌어주는 저급한 주술사가 된 것은 아닌가 돌아본다. 혹시 부뚜막신을 대신하여 나는 지금 하나님께 이렇게 말하고 있지는 않는가. "Show me the money!" 라고.

교회 교육관을 지을 때의 일이다. 주일학교가 점점 성장하면서, 그리고 장년부가 성장하면서 마땅한 식사 공간도 없고 교육을 위한 시설이 없어 애를 태우다가 한 교회의 도움으로 교육관 공사를 과감히 시작할 수 있게 되었다. 그래도 교회 재정을 담당하는 권사님들은 노인 특유의 경제관념 때문에 큰 돈 들어가는 사업에 대해 벌벌 떨기만 할 뿐 아무도 나서려 하지 않았다. 그런데 다행히 평소에 가깝게 지내던 건축업자 권사님이 나의 딱한 사정을 알고 저렴한 가격에 후불로 지어주겠다고 하여 공사를 시작한 것이다. 가난한 시골교회 형편에서 큰돈 들어가는 공사를 하려면 한 푼이라도 아끼기 위해 목회자가 공사 현장에 직접 뛰어들어야만 했다.

뜨거운 땡볕에 몸을 던지지 않으면 할 수 없는 일들이 연일 계속됐다. 공사가 예정보다 늦어지면서 마음도 지치고 몸도 지쳐갈 때의 일이다. 건축 기술자가 개인적인 사정으로 며칠 일을 쉬게 됐다. 그 틈을 이용해 나는 장비를 가져다 교인의 집에 하우스를 지어주었다. 양봉 벌통을 설치할 시설물을 짓고 싶었지만, 돈 때문에 쉽게 엄두를 못 내고 있는 한 교인의 딱한 사정을 진작부터 알고 있던 터였다. 다행히 사택 옥상에 덮여있던 지붕을 뜯어낸 중고 철재들이 있어 며칠 쉬는 날 동안 그의 숙원사업을 해결해 줄 수 있었다. 교육관 공사에 보조뒷모도역을 하면서 알게 된 깜냥으로 철재 커팅과 용접 등을 할 수 있을 것 같았다.

그 교인에게 내가 설비를 해주겠다고 하자 손을 저으며 안 된다고 했다. 평생 공부밖에 안 했을 것 같은 사람이 교육관 건축하면서 겨우 뒷모도나 해본 경험으로 그런 대형 설비를 하겠다고 덤비니 가소로웠던 것이다. 뜻은 가상하나 당신의 실력을 신뢰할 수 없다는 생각이 간접적으로 나에게 전해왔다. 그런데 나는 원래 무모한 일에 잘 도전하는 형이다. 1할의 가능성만 있어도 덤벼드는 나의 무모한 자신감이 드디어 사고를 치게 된 것이다. 하다가 실패하면 그만큼의 경험과 기술이 생기게 되니 실패를 두려워할 필요가 없다는 게 일에 대한 평소의 내 생각이었다. 나 같이 무모한 사람을 목사로 쓰시는 하나님은 얼마나 기가 차실까 가끔 생각한다.

나는 그에게 말하지 않고 땅을 먼저 파고 기둥을 세웠다. 막상 장비를 들이대고 해보니 할 만했다. 깐깐하고 소심한 그를 설득해서 일을 진행하는 동안 수많은 의심을 받아야 했다. 하지만, 당장 일의 기초를 진행시켜놓으니 그는 의심의 눈초리를 보내면서도 따라 오지 않을 수 없었다. 하지만, 일이 끝날 때까지 의심을 놓지 않는 그의 말 때문에 몸보다 맘이 더 힘들었다.

한나절에도 두세 번 반복되는 이 불신의 말들 앞에 나는 아무 소리도 하지 않고 일만 했다. 한여름 땡볕에 사택 옥상의 지붕을 뜯어낸 중고 철재를 가져다가 재단하여 커팅하고 용접하는 일은 보통 일이 아니었다. 어느 정도 뼈대가 갖추어지고 건물 모양새가 나기 시작하자 나를 못 믿어 찜찜해 하던 그는 아무 말도 하지 않았다. 그제야 안심한 듯 잔소리를 안 하기 시작했다. 오히려 더 빨리 해달라고 재촉하기 시작했다. 낼모레부터 장마가 시작된다 하여 재촉하는 바람에 지난 밤은 거의 자정까지 일을 하였다. 그리고 또 그날은 새벽 4시부터 나가 용접을 하였다. 기둥을 세우고 지붕을 씌워야 비가 와도 다음 작업을 할 수 있기 때문에 오늘 중으로 그 공정을 끝내야 한다.

모든 공정을 나 혼자 해야 하기 때문에 일이 더딜 수밖에 없다. 혼자서 철재를 커팅하고 용접하는 일을 며칠째 하니 살이 몇 킬로그램은 빠진 듯했다. 그런데 오늘 새벽에 나와 용접을 하려니 아직 깜깜하여 아무것도 보이지 않았다. 작업등을 켜기는 했지만 용접 보안경을 쓰고 작업하기는 불가능했니다. 그래서 맨얼굴로 그냥 용접을 할 수밖에 없었다.

그런데 일을 끝내고 집에 와서 샤워를 하고 나니 얼굴이 따갑고 화끈거려서 죽을 것만 같다. 얼굴 피부가 빨갛게 부어오르고 돼지 껍데기처럼 뻣뻣해졌다. 아니, 피부가 뜨거운 돌이 된 것 같았다. 얼굴 피부가 붓고 경직되어 감각도 없었다. 일부러 표정을 지어보려 했지만 움직임을 느낄 수 없었다. 얼굴에 용접 불을 직선으로 쏘이고 불똥까지 마구 쏟아졌기 때문이다. 일할 때는 몰랐는데 끝나고 나니 증상이 나타난 것이다. 내가 예전에 쓴 시의 한 구절에 '불화로를 뒤집어쓰다' 라는 것이 있었는데 상상으로만 느끼던 그것을 직접 느끼게 되었다. 침대에 누워보고 그늘 밑에 앉아보고, 선풍기 바람을 쐬어보아도, 얼음찜질을 해도 가시지 않는 이 증상 앞에 모든 게 백지처럼 하얗게 변했다. 머릿속으로 무엇을 생각한다는 게 불가능했다. 오직 안면에 일어나고 있는 이 지독한 통증, 뜨겁고 따끔거리고 무감각한 상태만이 나의 모든 세계를 지배했다.

이 고통 앞에 모든 게 의미를 잃었다. 내가 알고 있는 모든 신학 지식, 교양, 취미, 사유, 영성, 지성, 독서, 글쓰기, 그리고 알량하게 꽂혀 있는 저 책들, 모든 것이 증발해버리고 말았다. 내 몸의 모든 감각이 얼굴에 집중되어 다른 어떤 것도 지각될 수 없을 뿐더러 단 한 조각의 생각조차 허락되지 않았다.

사람이란 존재가 신체적 고통 때문에 이렇게 단순화될 수 있다는 것을 그때 알았다. 하나의 고통, 그 일차원적이고 단순하기 이를 데 없는 단 하나의 고통이 전 우주를 무너뜨리는 이 현상 앞에서 나는 초라했다. 이 고통이 빨리 지나가기만을 간절히 원하는, 아주 단순한 욕구가 사유와 지성을 몰아내 버렸다. 하나님을 향한 믿음과 수많은 기도, 영성, 신학, 목회논리 같은 것들이 마치 용광로에 빠진 파리처럼 흔적도 없이 녹아 없어졌다. 단 하나의 통증 앞에 나는 작은 벌레가 되었다.

저차원적인 신앙이라고 평가했던 우리 교인들, 기독교적 핵심가치가 무엇인지도 모르고 일차원적 욕망으로 하나님을 이용하는 사람들이라는 혐의를 품었던 우리 교인들의 삶 속에 들어가서 그들의 삶을 껴안았을 때, 그것이 얼마나 화끈거리고 따가운 고통인지, 그 불덩이에 데고 나니 현학적인 지식이 다 쓸모없게 되었다. 조직신학, 성서비평, 실천신학, 역사신학, 목회상담, 종교철학 ……. 나의 이 고통을 조직신학이나 성서비평이 치유할 수 없다. 최고의 목회상담가가 이 절박하고 단순한 고통으로부터 나를 구원하지 못할 것이다. 이딴 이론 신학들이 사람들의 삶과 무슨 상관이 있단 말인가. 예수님은 이따위 이론신학을 말하지 않으셨다. 그냥 사람들의 삶 속으로 들어가 그들을 끌어안으셨다. 그리고 스스로 사람들의 고통을 온몸으로 받으셨다.

십자가는 단순한 사건이다. 타인을 사랑하기에 그리 많은 지식이나 사유가 필요하지 않다는 것을 보여준, 몸으로 보여준 사건이다. 내가 아직도 많은 지식을 필요로 하고 논리나 학설을 즐겨 말하는 것은 십자가를 질 수 없는, 저급한 신앙인이라는 뜻이다. 그래서 인정받기를 원하고 높아지기를 원하고, 섬김받기를 원하는 것이다. 십자가는 복잡한 사유의 그물로 만들어지는 것이 아니라 누군가를 향한 단순한

열정이 만들어낸 우주적 사건이다. 내 얼굴에 수많은 별똥별이 쏟아

진 뒤에야 알았다.

날아라 놀이학교

우리교회는 주일학교 아이들이 많은 편이다. 어른들보다 훨씬 많다. 우리 지방 교회들 중에 주일학교 학생이 제일 많다. 그 궁벽한 마을에 웬 아이들이 그렇게 많냐고들 한다. 이 아이들은 대부분 우리 동네 아이들이 아니다. 주일학교를 위해 나는 주일 아침에 한 시간을 차량운행에 소비한다. 한 시간 동안 왕복 40킬로미터를 오간다. 주변 교회들은 마을에 있는 아이 한두 명으로 주일학교를 할 생각을 안 하는 것 같다. 우리교회 주일학교가 소문이 나서 먼 곳에서도 오기를 희망하는 아이들이 생기면 거리를 마다하지 않고 달려간다.

많은 사람들이 비결이 뭐냐고 묻는다. 나는 아무 대답도 하지 않는다. 비결이 없기 때문이다. 아니 나의 비결을 이해할 수 없을 것 같기 때문에 말하지 않는다. 아이들과 공감하기 위해 노력하고 함께 놀아주는 것이 전부다. 놀아주는 것은 누구든지 할 수 있다. 하지만, 그것이 교육이 되게 하는 방법은 모른다. 그것이 아이들을 치유하는 방법이라는 사실을 알고 놀아주는 것과 모르고 놀아주는 것은 분명한 차이가 있다.

나는 학부에서 기독교교육을 전공했지만 복잡하고 세련된 프로그램을 일부러 하지 않는다. 오히려 교육학적인 이론과 기법으로 짜인 프로그램들이 상투성에 갇혀버릴 때가 많다. 모든 형식과 이론을 벗어버리고 아이들과 발가벗고 만나는 것이 가장 좋은 접근이고 교육 방법이다.

일주일 내내 학교 공부에 지치고 피곤한 아이들에게 교재를 펼쳐 들고 주의를 요구하며 가르치려 들면 아이들은 거부반응을 일으키기 쉽다. 교회는 가르치기 이전에 치유하는 곳이다. 상처가 있는 아이들은 치유가 우선되어야 한다. 아이들과 웃고 떠들고 장난치면서 아이들이 치유되는 것을 보았다.

주일학교가 없던 교회에서 처음에 주일학교를 3명으로 시작하였다. 그 아이들이 교회를 오고 싶게 만드는 게 첫 번째 해야 할 일이었다. 부모가 이혼하거나 어느 한쪽이 사고로 사망하여 시골의 할머니에게 맡겨진 아이들이었다. 겉으로는 천진난만한 아이들이지만 속으로는 상처와 열등감이 많은 아이들이었다.

처음에는 거의 2년 동안 아이들과 웃고 떠들며 지냈다. 교회 가면 재미있다는 소문이 난 모양이다. 성공했다. 아이들이 오기 시작했다. 2년차부터 성경공부를 시작하였다. 짓궂은 개구쟁이 녀석들이 진지하게 성경공부에 임했다. 성경을 통해 사고하기 시작하는 것을 볼 수 있었다. 성경 내용을 기발하고 엽기적인 발상으로 바라보며 충격적인 질문을 던지기도 한다. 매월 첫 번째 주일에는 2부 순서로 성경공부를 하지 않고 〈세상의 모든 질문〉이라는 타이틀로 아이들에게 질문하는 시간을 주었다. 질문은 스스로 생각할 수 있게 한다. 생각할 수 있는 아이들이 생각할 수 있는 신앙인이 될 수 있다. 엽기적인 질문, 장난스러운 질문, 목사를 놀려먹으려는 질문, 그리고 진지한 신학적 질문까지 쏟아져 나온다. "목사님도 고추가 있어요?", "똥은 왜 더러워요?", "하나님과 예수님 중에 누가 더 쎄요?", "부처님하고 하나님하고 싸우면 누가 이겨요?", "부처님 믿으면 지옥 가요?", "하나님은 왜 여자를 남자 갈비뼈로 만들었어요, 여자가 그렇게 시시한가요?"

아이들과 함께하며 이런 생각을 하였다. 우울증, 자폐증 등 정신적인 문제를 안고 있는 아이들을 위한 기독교 대안학교 만드는 건 어떨까? 학교 이름은 〈날아라 놀이학교〉. 주일학교를 하면서 놀이를 통해 아이들을 치유하고 회복시킬 수 있다는 자신감이 생겼다. 대안학교를 통해 기독교적 가치가 실현될 수 있다면 그것은 또 하나의 교회다. 교회가 있는 곳에 치유가 있어야 한다.

달팽이는 왜 느려요?

 비 그치고 난 주일, 주일학교 아이들의 달
팽이 사냥이 시작됐다. 달팽이를 신기하게 쳐다보는 녀석, 달팽이를
손등에 올려놓고 더듬이를 잡으려다 끝내 실패하고는 씩씩거리는 녀
석, "목사님, 달팽이는 왜 이렇게 느려요?"라고 질문을 던지고 집요하
게 따라다니는 녀석들이 연못 속의 개구리처럼 시끄럽다.

"달팽이에겐 달팽이의 속도가 있어. 달팽이에게 빨리 달리기를 바
라는 것은 너에게 전교 1등 하라는 거하고 똑같은 거야."

녀석이 갑자기 얼굴이 환해졌다. 모든 이치를 한방에 깨쳐버린 듯
한 얼굴로 다시 달팽이에게 돌아간다.

아이들이 돌아가고 난 빈 자리는 늘 흔적이 남는다. 사택의 내 서

재까지 점령하여 왁자하게 놀던 녀석들이 또 흔적 하나를 남기고 갔다. 종이컵에 달팽이를 담아놓고 내 서재 책꽂이 사이에 두고 그냥 간것이다. 책꽂이 사이로 달팽이들이 스멀스멀 기어다니는 것을 보고아내는 기겁을 하며 비명을 지른다. 다행히 달팽이들은 멀리 가지 못하고 책꽂이 한 칸 안에 머물러 있었다. 이놈들 속도가 빨랐다면 내방은 달팽이로 이미 점령됐을 거다. 달팽이에게 달팽이의 속도가 있는 게 얼마나 다행인가.

귀엽고 깜찍한 할망들

교인 중 두 분의 생일이 한 주에 든 때가 있다. 케이크를 사고 촛불을 꽂아 상차림을 했다. 과일 몇 접시와 커피 믹스를 간단히 준비했다. 그런데 두 사람이 케이크가 놓인 상을 보더니 대뜸 큰소리로 나무란다.

“왜 쓸데없이 돈을 쓰고 그래요……?”

평생 땅만 일구며 허리띠 졸라매고 살아온 촌부들은 생계에 필수적인 것 이외에 비용을 지출하는 것에 대해 과도한 죄의식을 갖는다. 지금은 집안이 살 만하다. 아들딸들도 살 만하여 용돈도 넉넉하게 받는 모양이다. 90이 가까운 연세이다 보니 노령연금도 쏠쏠하게 받는 눈치다. 하지만, 하나님께 몸과 시간은 드려도 헌금을 드리는 데는 여전히 인색하다. 그것은 믿음이 없어서가 아니라 평생을 돈에 대한 두려움 속에서 살아왔기 때문에 보이지 않는 대상을 향해 현금을 지출하는 것에 대해 무의식적 불안감을 갖고 있기 때문이다. 그런데 이들의 의식 속에는 헌금을 많이 드리지 못하기 때문에 목회자의 사례비도 제대로 못 준다는 죄의식이 또 한 층 자리 잡고 있다. 나는 이들의 마음을 다치지 않게 하려고 부단히 노력하지 않으면 안 된다. 내 목회 원칙 중에 하나가 절대로 헌금 얘기 하지 말자는 것이었고 지금까지 그 원칙을 성실하게 지켜왔음에도 불구하고 이들은 내심 부담감을 가지고 있는 것이 분명하다. 자신의 생일에 케이크 사는 데 돈을 지출하는 것에 대해 과민반응을 보이는 것은 바로 이러한 이중 심리에서 온다는 것을 나는 너무도 잘 안다.

어느 시점을 넘어서자 눈동자를 살짝 흘기는 이들의 눈이 사랑과 애정으로 파장을 일으키며 나를 향해 와락 자빠지는 것을 알 수 있다. 케이크 앞에 앉자마자 나는 두 노인에게 고깔모자를 씌운다.

"아이고, 이런 것까지 왜 쓰라고……?"
"히히히 …… 낄낄낄……."
"싫어요, 남사시럽게시리……."
"남이 보믄 흉봐요, 어여 치워요."

하지만, 나는 그들의 반어법을 이미 꿰뚫고 있다.

억지로 고깔모자를 씌우고 생일축하 노래를 부른다. 하지만, 촛불을 끄는 순간 그들은 지상에서 가장 진지한 어린아이가 되었다.

‘억지로라도 씌우기를 잘했지 ……. 앙큼한 할망들 같으니라고
…….’

　며칠 뒤에 마을에 나갔다가 노인들에게 귀가 번쩍 뜨이는 소리를 들었다. 생일케이크를 샀다고 눈을 흘기며 나무랐던 노인 중 한 분이 그것을 자랑한 것이다. 텔레비전에서만 보던 케이크와 고깔모자를 경험한 것이 그들에게 특별한 이벤트가 된 모양이다. “나도 생일날 고깔모자 썼시오.”라고 자랑하고 다녔단다.

　그러고 보니 집안에서는 어머니와 할머니 생신이라고 아들, 손주, 며느리가 찾아오면 선물이나 생일상을 차려 주는 것 외에 이런 이벤트가 없었던 것이다. 생일케이크와 고깔모자는 고령의 노인에게 어울리지 않는다고 생각했던 것일 게다. 하지만, 이들도 TV를 통해 작고 소소한 세상사의 즐거움을 보고 들어 알고는 있다. 그것이 나와는 무관한 신세대들만의 이벤트일 뿐이지 당신들과 같은 산골 노인들과는 무관하다고 생각했을 것이다. 그런데 자기 자신이 TV에 나오는, 도시적인 이벤트의 주인공이 되었으니 당황스러웠으면서도 특별한 경험이 되었을 것이다. 좋으면서 싫은 척 앵돌아지는, 귀엽고 깜찍한 할망들이다.

이름에관하여

세상에는 많은 물건들이 존재한다. 그런데 그것들이 존재할 수 있는 이유는 이름 때문이다. 우리가 알고 있는 물건들은 다 이름이 있다. 그것의 본질이나 생김새, 또는 그것으로부터 나는 소리 등을 흉내 내어 이름을 붙인다. 어느 물건은 그 스스로가 이름을 낳기도 하지만, 어떤 것은 이름 때문에 그것이 존재하기도 한다. 사물이 먼저냐 이름이 먼저냐 논하는 것은 닭이 먼저냐 계란이 먼저냐 하는 것 같이 무모한 짓이다.

내가 밭일을 하면서 참 재미있는 것 하나를 알게 되었다. 이동 기구에 발통을 달아 사람의 인력으로 끄는 이동수단을 수레, 인력거, 손수레, 리어카rear car 등으로 부른다. 보통 이렇게 부르는 것들은 두 바퀴가 달려 많은 짐을 실어 나를 수 있는 덩치 큰 것들이다. 하지만, 조그마한 발통 하나밖에 없는 외발수레가 이 마을에서는 긴요하게 쓰이고 있다. 밭일을 가면 고랑과 고랑 사이를 이 외발수레가 재주를 넘듯이 다니는 걸 볼 수 있다.

내가 일을 거들기 위해 그것을 처음 끌었을 때 좌우로 뒤뚱대며 자꾸 넘어지기 일쑤였다. 이걸 본 동네 아주머니들은 나를 놀리며 이렇게 말하였다. "아 참, 다리 하나배끼 없는 구르마도 못 가누면서 두 발 달린 사모님은 워떻게 간수하고 산대유?" 찐뜩찐득하고 느물거리는 충청도 서역 사투리가 내 귓가에 찐득이처럼 달라붙는다. 그 때 나는 이렇게 맞장구를 치며 그 말을 귓가에서 재빠르게 걷어낸다. "원래 두 발 짐승은 두 발 달린 것만 상대하는 거유, 두 발 짐승이 외발 짐승하고 짬짜미 할라니께 드럽게 힘드네유." 아주머니들이 밭고랑 사이에서 배꼽을 쏟아놓는다.

자기들도 이것을 처음 다룰 때는 얼마나 뒤뚱거리고 넘어졌을까. 이들의 웃음 속에는 이런 과거의 경험이 들어있다. 어설펐던 자기들의 과거를 돌아보며 나도 이제 이만큼 왔다는 안도감과 자부심이 배어있는 것이다.

그런데 이들이 처음 다룰 때 힘들었을 이것을 '돌돌이'라고 부른다. 돌돌이, 이름이 이쁘다. 조그만 바퀴가 돌돌돌 소리를 내며 굴러간다는 의성어 이름이다. 'ㄷ'은 무언가 단단한 것을 연상시키는 음가를 가진 무성음이다. 하지만, 이것이 유성음 'ㄹ'과 만나면서 'ㄷ'은 유성음이 된다. 또 울림소리 'ㅇ'을 만나 전체적으로 부드러운 운율을 만든다. 부드럽게 흐르는 느낌을 준다. 좌우로 뒤뚱거리며 넘어지고 자빠지기를 반복했을 처음 경험을 넘어섰을 때 이 이름이 붙여진 것이라기보다 처음부터 그렇게 붙여진 건 아닐까 하는 생각을 해

본다.

이것을 처음의 사용 경험에 따라 '뒤뚱이' 나 '덜컹이' 라 하지 않았다. 돌이 많고 굴곡이 심한 밭고랑 사이를 가다보면 돌돌돌 구르기보다 덜컹거리기 일쑤인데도 말이다. 부드러운 음가를 가진 '돌돌이' 로 표현한 것은 어떤 기원의식이 자리하고 있었던 것이다. 이것이 지금은 뒤뚱거려도 돌돌돌 잘 굴러가기를 바라는 염원, 아니 그 외발수레에 대한 염원이 아니라 우리네 인생이 이 외발수레처럼 잘 굴러가기를 바라는 염원 말이다.

나도 초기의 미숙함을 지나 이제 능숙하게 돌돌이를 밭고랑 사이로 잘 몰고다닐 수 있게 되었다. 어찌 보면 그것은 이 외발수레의 이름에서 연상되는 힘 때문인지도 모른다. 자빠지고 넘어지면서도 돌돌이라는 이 음가가 내 상상력을 자극하여 부드럽게 잘 굴러가는 기구라는 이미지를 만들고 나는 그 이미지를 따라갔던 것인지도 모른다.

내가 사는 이곳 시골마을을 지배하는 것은 합리성에 기초한 논리적 언어가 아니라 정념에 기초한 주술적 언어다. 새로 등장한 외발수레에도 이러한 정념의 언어, 주술적인 염원이 깃들어 있다. 이런 언어를 사용하는 사람들은 직관적이고 감각적이며 정념적이다. 논리적 언어로는 예수를 설명하는 것이 불가능하다. 그래서 나는 말을 버리고 밭으로 간다. 그들이 땀흘리며 노동하는 논밭에 나가 그들의 몸의 언어, 정념의 언어에 나를 던지는 것이다. 땀흘리는 노동은 그들의 소통 언어이기 때문이다.

칼국수와 손칼국수

누군가 나에게 고기와 칼국수 중 무얼 먹고 싶냐고 물으면 나는 주저하지 않고 칼국수를 선택할 것이다. 칼국수에는 홍두깨와 투박한 부엌칼이 지나간, 사람의 손자국이 있다. 칼국수를 후루룩 흡입할 때 면발에 불규칙하게 남아있는 칼자국의 흔적이 입술의 촉각을 자극하는 맛, 그 맛이 칼국수의 참맛인지도 모른다.

칼국수가 입술의 촉감을 훑고 지날 때 그것은 무의식에 깊이 내재된 삶의 첫 경험을 자극한다. 세상에 태어난 나에게 제일 먼저 입맞춤한 사람은 어머니였을 것이다. 어머니의 입술이 내 살에 닿을 때 나는 처음으로 삶의 냄새에 자극됐으리라. 사랑과 분노와 행복과 좌절, 그리고 환희와 고통 들이 뒤섞인 어머니의 몸 중에서 입술은 삶의 수많은 과정들이 압축된 감각기관이다.

그래서 칼국수에는 어머니가 살아온 삶의 냄새가 있다. 그것은 내가 맡은 최초의 인간 냄새이며 내가 살아갈 세상의 냄새다. 아픔과 눈물, 사랑과 기쁨 들이 밤과 낮처럼, 또 구름이 지나가는 하늘처럼, 인생이 그런 것이라고 알려준다. 하여 칼국수의 맛은 삶의 맛이다. 울퉁불퉁 구불구불 예측 불가능한 삶처럼 일정하지 않은 칼자국이 목구멍을 넘어간다. 그 칼자국이 나를 베지 않고 목구멍으로 넘어갈 때 내 삶 또한 하나의 칼자국임을 알게 된다.

그런데 요즘은 칼국수도 기계로 뽑는다. 칼국수의 두께에 맞추어 기계로 뽑아낸 칼국수에는 칼이 지나간 흔적이 없다. 제면기로 만든 칼국수가 맛이 없는 이유는 이 때문이다. 똑같은 재료를 써서 똑같은 밀도로 만든 칼국수라 할지라도 거기에는 투박한 사람의 손길이 없다. 사람의 맛이 나지 않는다. 그래서 칼국수는 칼국수와 손칼국수로 나눈다. 핸드메이드가 명품이 될 수 있는 이유는 사람의 흔적 때문이다. 발터 벤야민은 이것을 '아우라'라고 말하였다. 손칼국수에는 아우라가 있다. 삶의 흔적, 사람의 냄새가 난다. 그래서 칼국수는 칼국수가 아니다. 손칼국수가 진짜 칼국수다.

기계면은 입술을 무시하고 국물 맛으로 혀끝을 자극한다. 이것은 물국수이지 칼국수가 아니다. 칼국수는 혀끝으로 맛을 감지하기 전에 입술의 검색대를 통과한다. 이와 같이 삶을 거치지 않은 글은 맛이 없다. 우리의 입술은 삶의 경험이 압축된 감각기관이다. 그러므로 글은 손칼국수 같아야 한다.

목회자도 마찬가지다. 고등학교를 졸업하고 신학교와 신학대학원에 진학하여 과정을 마치고 시험에 통과하여 목회자가 되는 직선

코스를 달려온 목회자는 어쩌면 제면기로 뽑아낸 칼국수와 같다. 땀 흘려 일해 본 사람만이 느낄 수 있는 노동의 고통과 보람, 인간의 슬픔과 비애 같은 존재의 문제를 잘 이해하지 못한다. '목사가 되기 전에 인간이 되라' 는 신학생들 간의 상투적인 관용어는 이제 그것의 도덕적 기초가 어디에 있는지 살펴야 한다. 목회자 이전에 인간을 이해할 수 있는 인간으로 성숙되어야 한다는 뜻이다. 미숙한 목회자가 흔히 범하는 오류는 하나님만을 위한다는 착각으로 인간을 이해하지 못하는 것이다. 목회는 신학적 지식이나 경력으로 하는 게 아니라 인간의 삶과 그 삶의 과정에 함께 함으로서 그들을 치유하고 선한 길로 인도하는 데 있다. 교인의 삶 가운데 있는 칼자국을 흡입할 수 있을 때 목회의 참맛을 느낄 수 있다.

헌금의 최댓값

내가 목회를 시작하면서부터 우리 아이들이 매우 소심해졌다. 목회자의 아들이라는 위치 때문에 스스로 말과 행동을 조심하는 것을 보면 일견 대견스럽기도 하지만, 나의 신분 때문에 아이들이 행동과 사고에 자기검열을 하는 것은 좋은 게 아니다. 한창 꿈꾸고 자유로워야 할 아이들이 자기 통제를 하는 것은 교육적으로도 바람직하지 않다. 그리고 또 하나는 아빠가 가난한 삶을 살기 때문에 돈 문제에 대해 매우 긴장하는 것을 본다. 보통 직장인들의 십일조 정도에 해당하는 사례금과 몇 교회에서 들어오는 후원금의 총액이 편의점 알바비에도 못 미친다는 것을 아이들은 나름의 셈법으로 대충 알고 있다. 거기다 아이들에게 필수불가결하게 지출할 수밖에 없는 비용만을 요청하도록 못을 박은 탓도 있지만 그 알량한 액수를 줄 때마저도 나는 아이들의 양심을 쥐어짜는 고문을 잊지 않기 때문이다.

"지금 네게 주는 이 돈이 비록 얼마 안 되는 것이지만 이것은 성도들의 땀과 눈물이다. 아빠를 통해 받는 이것은 성도들이 하나님께 드린 거룩한 예물이니 경박한 일에 쓰지 않도록 삼가고 조심해라."라고 못을 박는다. 아이들이 이런 요구에 얼마나 부담을 가질 지에 대해 상상하는 것은 어렵지 않다. 그럼에도 불구하고 나는 거의 이 말을 빼먹지 않는다.

세속적인 대학문화와 청년문화에 예기치 않게 휩쓸리는 것을 방지하기 위해 정신교육을 시키자는 의도도 있지만 돈의 가치를 환기시키고자 하는 뜻도 있다. 세속적 경제관념으로 돈은 교환가치이고, 그 가치는 화폐에 적힌 숫자에 비례한다. 이것은 화폐경제체제가 만든 법칙이다.

하지만, 예수님의 경제 법칙은 이런 세속적 경제관념과 반대편에 있다. 예수님은 성전에서 가난한 과부가 헌금함에 헌금 넣는 것을 보고 부자들의 헌금과 비교하여 그 여인이 가장 많은 것을 드렸다고 칭찬한다. 세속적 경제관념으로는 부자들의 헌금이 더 큰 액수지만 예수님은 화폐의 가치가 아니라 그 사람 마음의 가치를 본 것이다. 가장 적은 돈이 가장 큰 액수가 될 수 있는 이 역설을 이해하지 못하면 예수님의 복음도 이해할 수 없다.

현대 자본주의의 세속적 논리는 직선적이고 현상적이다. 그래서 수학적 명제로 모든 것을 증명하려고 한다. 하지만, 예수님은 하나님나라의 논리로 이 세계를 바라보았다. 하나님나라의 논리는 '역설'이다. 역설이란 이성적 판단으로 성립될 수 없는 논리가 정상성을 갖는 논리, 혹은 진리임을 나타내는 방법이다. 그래서 예수님은 교환가치로써의 화폐가 아니라 하나님에 대한 전인격적 반응으로 드리는 헌금에 가장 큰 가치가 있다고 말한다. 세속적 물질이 헌금으로 드려질 때 화폐의 지상 가치는 예배자의 마음과 영혼을 통해 거룩한 차원으로 승격된다. 돈을 돈으로 보지 말고 그 돈에 담긴 사람의 마음을 읽으라는 게 아들들에게 건네는 내 메시지다. 아직 이런 철학적이고 신앙적인 메시지를 이해할 만한 나이가 아니기 때문에 아이들 수준에 맞는 논리로 이야기할 뿐이다.

우리교회 교인들은 8,90대의 초고령자가 주를 이룬다. 이들은 거의가 자식들에게 용돈을 받거나 노령연금, 장수연금 등을 받는다. 교인들의 수입이 얼마인지 굳이 계산하지 않아도 유리어항처럼 투명하게 다 보일 수밖에 없다. 그런데 이들이 드리는 헌금은 그들의 수입의 총액에 비해 터무니없이 적다.

하지만, 그들이 헌금을 적게 하거나 정직하게 하지 않는다고 나는 한 번도 설교하지 않았다. 헌금을 얼마를 드리느냐가 신앙의 중요한 척도가 아니기 때문이다. 1, 2천 원 드리는 헌금이지만 그들의 헌금에는 가난한 과부의 마음이 담긴 것을 안다. 평생을 굶주림과 가난 속에 살아온 고령의 교인들은 화폐가치를 상대적으로 측정하지 못한다. 그것이 얼마이든 돈 그 자체가 귀중하고 절대적이기 때문이다. 그러니 화폐의 액면 가치를 상대적으로 비교하여 얼마를 헌금해야 한다는 생각이 없는 것이다. 그러니 이들이 얼마를 헌금하든 거기에는 마음의 최댓값이 담기는 것이다. 얼마인가가 아니라 무엇인가에 방점을 찍게 되면 비록 적은 헌금이지만 그것은 최댓값으로 환원된다. 가난한 과부의 헌금은 이러한 역설로 평가된 것이다.

굶주림과 가난의 시대를 살아온 사람들의 돈에 대한 절대적 관념은 그래서 그것이 많고 적음을 떠나 순결하고 아름다운 것이다. 그 아름다운 절댓값이 경박하고 무의미하게 소비되는 것은 또 하나의 죄악이다. 내 자식들이 죄를 짓지 않도록 주의를 주는 것은 목사로서 자식에 대한 도덕적 책무다. 이러한 도덕적 책임을 방기했을 때 나타나는 행태를 방탕이라고 한다. 나는 내 아들들이 방탕한 삶을 살지 않기를 원한다.

나의 자녀들은 미래를 살아가는 교인들이다. 이들의 잘못된 경제 관념은 미래 교회를 더 심각하게 망쳐놓을 수 있다. 나에게는 아들들에게 알량하게 돈 몇 푼 쥐어주며 잔소리나 하는 지질한 목사 아빠로서가 아니라 다음 세대의 교회와 성도를 훈련시키는 교육자로서의 책임이 있다.

근친성에 관하여

아들의 성화에 못 이겨 몇 년 전에 고양이 한 마리를 분양했다. 나는 애완동물에 맘을 주지 않으려 했다. 내가 맘을 줘야 할 사람들도 많고 신경 써야 할 일도 많은데 애완동물 때문에 그것들에 대한 관심이 멀어지는 게 싫었기 때문이다. 그래서 고양이를 집에 데려오고 나서도 별로 마음을 줄 수 없었다. 똥 치우고 밥 주는 일은 물론 고양이 털 때문에 신경을 곤두세우는 일이 많아지고부터 아내나 나나 고양이에 대한 피로감이 쌓여갔다.

그런데 이런 나의 생각과 태도에 변화가 생겼다. 고양이를 좋아하게 된 것이다. 고양이라는 종, 또는 애완동물이라는 것들에 대한 호감이 생긴 게 아니라 우리집 고양이 콩에게 애정이 싹트기 시작한 것이다. 애정의 발아 지점을 가만히 따져보니 고양이에게 '근친성'을 느꼈을 때다. 이 녀석이 나의 무관심에도 불구하고 애교를 부리고 따라붙는 것을 보면서 마음의 문이 열리기 시작한 것이다.

눈빛으로 나에게 던지는 신뢰와 친근한 느낌, 그리고 부드럽고 애교 섞인 목소리는 녀석을 가까이 하지 않을 수 없게 했다. 하지만, 특별히 근친성을 느끼게 한 부분은 이 녀석의 앞발이었다. 나에게 무언가를 원하거나 의사를 전달하려 할 때는 날카로운 발톱이 있는 앞발을 상처나지 않도록 나에게 내밀어 살짝 끌어당기거나 나를 툭툭 건드린다. 그럴 때면 나는 이 녀석에게 매우 다정한 느낌을 받는다. 녀석의 앞발이 나에게 내밀어질 때 그것은 사람의 손으로 치환되기 때문이다. 나에게 내미는 고양이의 앞발은 인격성을 갖고 다가오는 사람의 손길처럼 느껴졌다. 나와 동일하게 손을 사용하고 있음으로 인해 동류의식을 갖게 하는 것이다. 고양이도 사람처럼 손을 사용할 수 있다는, 아니 손을 내밀어 소통할 수 있다는 사실 앞에서 녀석과 나는 동류가 되는 것이다.

인간은 자신의 신체적 특징 안에서 다른 사물을 본다. 물론 이것은 직립보행을 하는 인간 중심의 사고다. 그러므로 인간의 눈으로 인간과 비슷한 동물이나 사물에 대해 친근한 느낌을 갖게 되는 것은 당연하다. 다른 동물 역시 이러한 기준에 따라 타자에게서 근친성을 발견하게 될 것이다. 자기 신체와 사고의 특징 안에서 세계와 타자를 인식하고 거기에서 동류의식이 나타날 때 그것을 근친성近親性이라고 한다.

근친성은 생물학적 유전에 의해 만들어진다. 유전자는 자기 종족에 대한 보존을 통해 자기를 유지시켜 나갈 수 있기 때문이다. 근친성이 가장 높은 것은 가족이다. 가족에 대해서는 절대적인 신뢰와 자기 희생의 태도를 보인다. 그렇기 때문에 가족에 대해서는 이기적인 편견을 갖는다. 예수님이 제자들을 부를 때 가족을 버릴 것을 요구한다. 이는 가족에 대한 윤리적 책임을 방기하는 것이 아니라, 가족에 대한 이기적 본능에서 자유로워야 한다는 뜻이다.

하지만, 문화적, 심리적 근친성은 인식과 의식의 차원으로 확장된다. 그래서 요즘은 애완동물이라는 말보다 반려동물이라고 한다. 전자는 인간이 주인이고 동물이 그 주인에게 종속된 수직적 관계라면 후자는 함께 살아간다는 의미에서 수평적 관계다. 전자보다 후자의 용어가 더 적극적으로 근친성을 표현하고 있다.

사람들이 서로에 대해 우정과 애정을 표현하거나 과시할 때 마음의 밑바닥에는 이 근친성이 자리잡고 있다. '우리는 동류'라는 의식 말이다. 동류의식이 깊을수록 서로에 대한 친밀성과 희생하려는 태도는 강화된다.

우리가 하나님께 드리는 모든 기도는 이 근친성에 바탕한다. 우리는 하나님의 자녀이고 하나님은 우리의 아버지라는 가족의 이기적 근친성을 전제한다. 설사 그것이 이타적인 것이라 할지라도 인간이라는 동류 공동체를 벗어나지 않는다. 이렇게 볼 때 우리 신앙의 기저에는 이 근친성이 자리잡고 있다.

하지만, 예수님은 마태복음 7:21에 이렇게 말씀하셨다. "나와 가깝다고 다 천국에 가는 게 아니라 아버지의 명령대로 행하는 자가 천국에 갈 것이다"라고 말이다. 천국은 교리적 근친성으로 인해 들어갈 수 있는 게 아니라 인격적인 소통과 만남을 통해 그 분의 뜻을 이해하고 따르는, 고백적이고도 실천적인 삶의 방식의 유사성, 즉 행위의 근친성으로 인해 들어갈 수 있다는 뜻이다.

철없는 목사

현대인은 모두 철이 없다고 어느 학자가 일갈
했던 기억이 난다. 철이 없이 먹으니 철이 없다는
것이다. 모든 식물에는 각기 제 철이 있는데 하우스와 같은 현대식 설
비를 통해 겨울에도 봄이나 여름 과일을 맛볼 수 있게 되었으니 철이
없어졌다는 것이다. 철이 없이 먹으니 철없는 사람이 됐다는 말이다.

'철들다' 라는 말은 '사리事理를 분별하여 판단할 줄 알게 되다' 는
뜻이다. '철' 은 계절을 의미하는 순우리말이다. 우리나라는 사계절이
뚜렷한 나라다. 계절에 맞게 옷을 바꾸어 입어야 하고 또 계절에 따라
일을 해야 한다. 겨울에 민소매를 입거나 여름에 두꺼운 외투를 입게
되면 계절을 모르는 사람, 즉 철이 없는 사람 취급받게 된다. 봄이 오
면 쟁기질과 파종을 하고 여름에는 김매기를 해야 한다. 그리고 가을
엔 때맞추어 추수를 해야 한다. 겨울엔 다가올 봄에 쓸 것들을 준비하
며 에너지를 비축해야 한다. 이처럼 때를 놓치면 농사를 망치게 된다.

그래서 농사의 시기를 놓쳐 폐농하게 되면 철을 모른다는 비난을 받게 된다.

옛 어른들은 인간됨의 조건을 '철들다' 라는 말로 가늠하였다. 특히 전통사회에서 남자는 식솔을 건사하고 가정을 책임질 수 있어야 하기 때문에 책임을 더 엄중하게 물었다. 그러므로 남자가 철들지 못하면 아무짝에도 쓸모없는 인간 취급하였다. 하지만 철드는 것은 남자 이전에 인간됨의 조건이었다. 그래서 '철부지不知' 라는 말은 '철을 모르다' 라는 뜻으로 사리를 분별할 만한 힘이 없는 어린아이를 가리킨다.

'남자 나이 50은 돼야 철든다.' 라는 말이 있는 걸 보면 철드는 게 그리 쉬운 일은 아니었던 것 같다. 요즘이야 50이 많은 나이가 아니지만 전통사회에서 50살은 인생의 완숙기에 접어든 노년세대였다. 수많은 삶의 곡절을 겪으면서 세상 이치를 알고 사람을 품을 수 있는 지혜와 도량이 생긴 사람, 그런 사람을 성인成人이라고 한다. 그러나 나이 먹었다고 다 철이 드는 게 아니며 다 성인成人이 되는 건 아니다.

자본주의와 산업문명이 발달하면서 전통사회가 가지고 있던 사람됨의 조건들은 폐기처분되고 말았다. 사람과 사람 사이가 너무 멀어지고 말았다. 예전 같으면 집안에 손님이 오는 것을, 그것도 일가친척이 내 집에 찾아오는 것을 환대하며 며칠씩 묵어가도록 발목을 잡는 게 예의였고 풍습이었다. 시골에 사는 먼 친척이라도 도시의 학교에 진학하면 촌수를 따지지 않고 집에서 먹이고 재우는 게 인정이었다. 먼 길을 찾아온 일가에게 밥 한 술이라도 못 먹여 보내 안달하던 게 우리네 아버지 어머니들이었다. 쌀독에 쌀이 떨어져도 내색하지 않고 따순 밥 한 그릇 먹여 보내야 마음이 편했다. 소식이 없는 일가를 향해 눈밭을 헤치고 몇 고개나 넘어서 안부를 확인하고 오는 게 우리의 인정 넘치는 풍습이었다.

특히 부모와 형제라는 말은 '운명'이라는 말과 동의어였다. 부모형제를 위해서는 내가 굶을 수 있고, 부모형제를 위해서는 대신 죽을 수 있었기 때문이다. 자기 혈육에 대해서는 무한 책임을 다하려는 태도, 이런 마음과 삶의 자세가 갖추어질 때 비로소 철들었다고 했다.

그런데 나는 가끔 예기치 않게 다가올 이 땅에서의 종말을 상상할 때가 있다. 이것은 늙어가는 모든 가장의 비극적 존재인식인지도 모른다. 이 슬픈 인식 앞에 심장을 찌르고 드는 것은 처자식이다. 내가 급박하게 세상을 떠나고 난 다음에 철없는 자식들과 세상 물정 모르는 아내가 어떻게 살아갈 것인가를 상상하면 고통이 쓰나미처럼 밀려온다. 함석헌 선생의 시 '그대 그런 사람을 가졌는가' 라는 시의 첫 구절은 더욱 가슴에 대못을 박는다.

"만릿길 나서는 길

처자를 내맡기며

맘 놓고 갈 만한 사람

그런 사람을 그대는 가졌는가"

이 세상 어디를 둘러보아도 철없는 자식들과 물정 모르는 아내를 마음 놓고 맡겨놓을 그 누군가가 없다는 사실 앞에 절망하며 무릎을 꺾는다. 이것은 세상 모든 가장들의 아픔이며 절망일 것이다. 아무도 책임져 줄 수 없는 존재의 아픔, 이것이 가끔 남자들을 울컥하게 만든다.

어느 날 저녁 예배를 마치고 교인들을 차에 태워 집에 데려다주었다. 혼자 사는 노인의 집 앞에 차를 멈추고 그가 집 안으로 들어갈 때까지 기다렸다. 집 앞에 있는 가로등이 꺼져 깜깜했기 때문에 마루에 불을 켤 때까지 자동차 라이트라도 비춰줘야 했다. 그래서 그가 어둠 속에 잠긴 집으로 비척거리며 들어가는 뒷모습을 오랫동안 지켜보아야 했다. 그의 뒷모습이 너무 외롭고 쓸쓸했다.

그는 나이 서른세 살에 남편을 여의고 3남매를 건사하며 젊은 시절을 가난과 설움 속에 보냈다. 이제 자식들은 다 장성하여 출가해 도시에 살고 있지만 어머니를 모실 형편이 안 된다. 그것도 재산이라고 오래된 천식과 관절염, 오십견, 고혈압, 당뇨 같은 질병들을 약봉지처럼 쌓아놓고 산다. 그에게는 자식들이 있었지만 그는 혼자다. 혼자 밥 먹고 혼자 눕고 일어나고 혼자 TV를 보고, 혼자 나가고 혼자 들어온다. 아무도 보지 않을 때는 혼자 울고 있을지도 모른다. 전기요금을 아끼겠다고 갈아 끼운 침침한 전등 아래 혼자 울고 있지는 않을까.

그 때까지 폐부를 찔렀던 함석헌 선생의 시 첫 구절이 다른 각도로 찌르고 들었다. 내가 누군가에게 처자를 내맡기고 갈 사람이 없어 아파했던, 그 생각이 거꾸로 뒤집혀 나에게 거울을 비추었다. 저 사람의 남편은 세상을 떠나며 어떤 마음이었을까. 내가 그동안 숱하게 절망하고 무릎을 꺾던 그 심정 아니었을까? 저 사람이 혼자 밥 먹고, 혼자 울 때 나는 그의 곁에 얼마나 있어 주었나. 그의 손을 얼마나 잡아주었나.

예수님은 어머니와 형제들이 찾아왔다는 소식을 듣고 이렇게 말하였다. "누가 내 어머니이며 내 동생들이냐."라고. 부모형제에 대한 이기적 헌신과 사랑을 넘어 타자를 향해 손을 뻗은 이, 타자의 고통 속으로 성큼 걸어 들어가 그를 껴안고 함께 우는 이, 그 분이 예수님이었다는 사실이 송곳처럼 나를 찌른다.

목사라는 게 뭔가. 거룩한 사제의 복장을 하고 사람들에게 훈시나 하며 분리된 영역에서 세상을 조망하는 그런 존재인가? 골방에 들어가 성경을 읽고 하나님의 이름을 부르는 것으로 목사의 사명을 다했다고 생각하는 골방 목사는 아니었는가? 누군가의 위로를 기다리며 자기연민에 빠져 절망하는 내 모습이 거울 앞에 발가벗고 서 있었다.

부끄럽기 그지없었다. 사랑받기보다 사랑하며 위로받기보다 위로하는 사람, 슬퍼하기보다 슬퍼하는 이 곁에 있어주는 사람, 그 사람이 내 안에 없었다. 나는 누군가에게 "만릿길 떠나며 맘 놓고 처자를 내맡기고 갈 만한" 그런 사람이 아니었다. 나는 그런 사람을 그리워했을 뿐 그런 사람으로 살지 못했다. 철이 없었기 때문이다. 나이 오십이 넘었는데도 나는 아직 사람의 마음도 모르고, 사람의 삶도 모른다. 나는 참 철부지다. 누군가가 내 속으로 들어오기만을 기다렸지 누군가의 속으로 들어갈 생각을 못하고 살았다. 아, 나는 참 철없는 목사다.

2부
천국에도 방학이 있나요?

나는 속물이다

모처럼 읍내에 나갔다가 서점에 들렀다. 이곳은 참고서와 문제집 류가 이미 대부분의 공간을 접수해 버리고 남은 공간에 기특하게 인문학 서적 몇 권이 먼지를 뒤집어쓰고 있는 시골의 서점이다. 이곳은 책을 사기보다 서점 주인과 대화하는 재미로 읍내에 나갈 때마다 가끔씩 들르는 곳이다.

서점 주인은 나를 알기 전에 이미 나의 책을 통해 나를 만났다고, 그런데 이렇게 오프라인에서 만나서 기쁘다며 내가 갈 때마다 반색을 하며 맞아준다. 대화라기보다는 소읍小邑에서 일어나는 소소한 정치적 사건과 그것으로부터 확장된 세계사적 담론을 늘어놓는 서점주인의 말을 들어주는 것으로 거의 시간을 보낸다. 그는 말을 서두르는 바람에 말을 할 때마다 입에서 바람 새는 소리가 난다. 그래서 가끔 이 빠진 말들이 많다. 그래도 나는 그의 말에서 맥락을 놓치지 않는다.

생각의 결이 같기 때문이다. 빤한 담론이지만 그의 입에서 흘러나오는 말들이 물처럼 흘러 내게 오는 것이 나쁘지 않다. 그의 말은 빠르고, 또 홍수처럼 넘친다. 어눌하지만 유쾌하다. 진실을 말하기 때문이다.

그런데 오늘은 그와 대화중에 아는 사람이 서점에 불쑥 들어오는 게 아닌가. 오래전에 소식이 끊어진 사람인데, 알고 보니 그의 고향이 이곳이란다. 서로 그간의 내력을 겉치레로 묻고 답하는 가운데 그가 불쑥 경박한 질문을 던진다. "교회 신도는 몇 명이냐?"라고.

이런 질문을 한두 번 받는 것도 아닌데 오늘은 이 질문이 매우 불쾌하게 다가온다. 이 말의 속뜻은 이런 것일 게다. "그 촌구석에 사람도 없는데 먹고 살기 참 고달프겠다." 교양 없고 거친 그의 평소 어법에 비추면 이런 말이 된다. 말이란 문자적 기호에 메시지가 담기기도 하지만, 표정과 어법 등에 따라 의미메시지가 달라지기도 한다.

세상 모든 게 돈으로 환산되고 인간의 모든 행위, 그것도 종교적 행위를 돈으로 환산해서 '먹고 사는 문제'로 인식하는 이 경박하기 그지없는 생각에 확 비위가 상해버리고 말았다.

나는 〈고사전 高士傳〉에 나오는 허유처럼 귀를 씻고 싶었다. 요임금이 허유를 불러 천하를 물려주겠다고 하자 더러운 말을 들었다며 냇가에서 귀를 씻었다는, 그 허유의 심정으로 서점을 나왔다. 잠시나마 허유의 마음이었다.

그런데 차를 운전하여 집으로 오는 내내 내 마음속에서 불길한 질문이 의뭉스럽게 고개를 쳐들었다. '네가 허유가 되고 싶은 게냐?' 라는. 돌아보니 나는 나 자신을 허유와 같이 고결한 성자로 생각하고 있었다. 이런 생각을 나도 모르게 하고 있었던 것이다.

내가 정말로 그의 질문을 불쾌하게 생각했던 이유는 성직이라는 이 직위에 대한 신성함과 탈세속적 가치 때문이 아니라 '내가 이것밖에 안 되는 놈으로 살고 있다' 는 자괴감은 아닐까? 아내와 자식들을 이렇게 살게 하고서 나 혼자 숨은 성자처럼 위선을 부리다가 한방에 급소를 찔리고 나니 자존심이 상한 게 아닐까? 이런 질문이 내 속에서 자꾸 방망이질을 한다. 그러다 결국 집에 다다르기 전에 나는 내 생각에 대해 가슴아픈 판결을 내리고 말았다.

"그래, 나도 속물이다. 속물이다, 속물이다!"

내가 나를 속이는 것처럼 달콤하고 아름다운 거짓이 어디 있을까?

나는 누구인가

우리 교회 주일학교 아이들에게 두 달이 넘게 창세기 1장을 설교하였다. 내가 보는 창세기 1장의 테마는 바로 '나는 누구인가'다. 이 질문을 통해 유대인이 환란기마다 창세기에서 얻었던 메시지는 '나는 존귀한 자' 라는 것이었다. 바벨론 포로기 동안 전쟁노예로 처절하게 밑바닥을 살아야 했던 유대인들에게 '너는 하나님의 형상으로 지음 받은 고귀한 존재'라는 답을 주었던 것이다. 그러므로 나는 창세기는 '나는 누구인가' 라는 존재론적 질문으로 시작한다고 이해한다.

'나' 라는 존재의식은 주로 비극적인 상황에서 발생한다. '나는 왜 고통당하는가, 나의 계급적 지위와 나에게 가해지는 차별은 옳은 것인가, 인생은 고통뿐인가, 정의로운 사람의 고통에 대한 보응은 없는가' 등 비극적 현실에 대한 저항의식에서 이 질문은 시작된다. 고통은 사람에게 슬픔도 주지만 고독과 사유를 선물하기도 한다. 사유하는 사람은 질문하게 된다. 부정과 의심, 그리고 질문을 통해 자기 존재의 근원에 다다르게 된다. 그 근원으로부터 해답을 구하는 것이다.

우리나라가 고도 경제 성장을 거듭하며 경제적 삶은 나아졌지만, 신자유주의는 '삶의 질'이라는 새로운 질문을 낳았다. 생물학적 생존을 넘어서는 인간다운 삶의 문제에 관심을 두기 시작한 것이다. 이 질문의 배경인 우리 시대는 여전히 비극적인 삶의 문제들로 편만해 있다.

실업, 비정규직, 양극화, 하우스 푸어, 명퇴, 자살 등의 용어로 상징되는 이 시대의 인간상은 바빌론 포로 시대와 크게 다르지 않을 것이다. 굶주림과 과도한 노동, 그리고 기득권자들의 횡포가 과거의 역사적 사건이 아니라 오늘 우리가 살고 있는 이 땅에 재현되고 있는 것이다. '헬조선'이라는 자조 섞인 신조어는 고통받고 있는 우리 사회의 약자들의 아픔을 드러낸다. 노인은 노인대로, 젊은이는 젊은이대로 소외당하고 상처받으며 살고 있다. 청소년은 과도한 입시 경쟁으로 장년은 명퇴의 불안감과 전월세 값 상승, 내집 마련에 대한 압박감에 시달리고 있다. 물신주의는 사람들 간에 계급의식을 낳고 이런 의식은 드디어 '갑질'이라는 신조어를 통해 현실화되는 것을 볼 수 있다.

그러므로 우리 시대에 창세기 1장은 새롭게 읽혀야 한다. 성경은 그것이 읽히는 현장의 상황에서 해석되어야 하기 때문이다. 따라서 나는 내가 살고 있는 마을, 우리 교회 구성원의 현재와 미래에 대한 전망으로부터 창세기 1장이 해석될 수밖에 없다.

내가 살고 있는 이곳 마을과 우리 교회 주일학교 아이들 역시 경제적으로 문화적으로 소외된 아이들이다. 특히 엄마 아빠의 이혼이나 가정 파탄으로 인해 시골의 할머니 할아버지에게 버려지듯 떠맡겨진 아이들이 많다. 이 아이들을 기다리고 있는 잔혹한 미래를 바라보면 눈물이 난다. 아무리 노력을 해도 주류사회에 편입할 가능성이 없는 아이들이다. 아니 솔직하게 말하면 이 아이들이 앞으로 제대로 밥이나 먹고 살 수는 있을까 하는 의심이 든다. 이 아이들이 모자라거나 공부를 못해서가 아니다. 도시 아이들의 경쟁력을 따라잡을 수 없기 때문이다. 우리 사회는 부모의 재력을 통해 풍부한 사교육 세례를 받은 아이들과 그들이 물려받은 유산으로 인해 그렇지 못한 아이들의 기회마저 박탈하는 구조이기 때문이다.

나는 이 아이들의 미래가 두렵다. 아이들이 점점 성장하면서 상급학교에 진학하면서 받게 될 스트레스와 상처를 생각하는 것만으로도 슬프다. 그리고 이들이 사회에 나갔을 때 사회적 약자로서 받아야 할 수모와 소외감을 생각하면 전율이 인다. 부모로부터 물려받은 것이 없어서, 지방대를 나와서, 취직을 못해서 미래가 거세되는 우리 시대의 유산이 이 아이들에게 흘러 내려갈 것을 생각하면 괴롭다. 그래서 나는 이 아이들에게 창세기 1장을 되새김질하는 것이다.

'나는 얼마나 고귀한 존재인가'라는 것을 일깨우는 것은 '지금', '여기서', 나에게 주어진 목회적 사명이다. 절망으로 고개를 숙인 아이들에게 고개를 들어 하늘을 보게 하는 것, 미래에 절망적인 상황과 맞닥뜨렸을 때 좌절하지 않고 천지를 창조하신 하나님의 모습과 성품이 내 안에 있음을 떠올리게 하는 것, 그리하여 그것으로 이 불합리한 세상을 이기는 믿음의 능력을 갖게 하는 것이 '지금', '여기에서', '나'에게 주어진 목회적 사명이다.

교회란 무엇인가

올해 정기 당회를 했다. 당회란 교회의 1년을 결산하고 새해 계획과 예산을 심의 결정하는 총회 같은 것이다. 겨우 노인 열서너 명밖에 안 되는 교회에서 재정을 운영하니 복잡하고 까다로울 것도 없는 과정이다.

그런데 올해는 이 과정에 진땀을 뺐다. 새해 예산을 심의하고 결정하는데 교인들의 동의를 얻기가 너무 힘들었기 때문이다. 보잘 것 없는 예산이지만 1년 재정의 10%를 선교비로 지출하자는 나의 제안에 교인들이 제동을 걸었던 것이다.

이제 대학에 들어가는 나의 큰아이와 고등학교에 다니는 둘째 아이의 학비 때문에 교역자의 생활비를 올리는 게 우선이라고 교인들이 고집을 피운 것이다. 택도 없는 생활비를 주는 데 대해 교인들은 목회자인 내게 부채의식을 안고 있는 것을 안다. 그 부채의식이 밖으로 표출된 것이다.

적은 재정이지만 씀씀이를 줄이고 절약한 결과 작년부터 흑자 재정을 이룰 수 있었다. 그러니 교인들의 헌금에 대한 부담감도 줄어들게 되었다. 이곳 교회에 부임한 뒤로 단 한 번도 헌금에 대해 설교하지 않았음에도 교회 운영을 위해 교인들은 헌금에 대해 부담감을 가지고 있는 것을 안다.

그런데 교인들이 내는 헌금이 어디에 어떻게 쓰이느냐는 그 교회의 성격과 존재 의의를 정초하는 아주 중요한 문제다. 헌금에는 교인들의 땀과 눈물이 담겨있다. 그리고 하나님에 대한 감사와 헌신의 의미가 담겨있다.

그런데 하나님은 인간과 공동체를 향해 공의Public Righteousness를 행하시며 또 그것을 이행하라고 요구하신다. 이것은 그리스도교의 정언명령이다. 교회는 이 명령 위에 세워진 공동체다. 예수님의 십자가는 그것을 극적으로 실현한 사건이다. 나와 무관한 타자를 위해 내 생명을 내놓는 것이 그리스도인의 십자가다.

비록 쥐꼬리만한 예산일지라도 나눔과 헌신을 위한 지출을 확대해야 하는 이유가 여기에 있다. 예산의 많고 적음에 의의가 있는 게 아니라 그리스도의 복음을 실현하고자 하는 교회의 자세에 큰 뜻이 있는 것이다. 지난 1년간 교회란 무엇인가에 대해 이런 뜻을 설교했지만 연세 많으신 교인들은 보이지 않는 이상과 비전보다 현실적인 문제를 더 많이 생각하고 있다.

결과는 목회자의 생활비를 동결시키고 선교비로 예산의 10%를 사용하자는 원안에 동의하는 것으로 끝났다. 하지만, 교인들과 나 사이에 보이지 않는 서먹함이 생겼다. 교인들은 목회자의 현실적 필요를 조금이나마 충족시켜주지 못하게 된 데 대한 부담감으로 찜찜함이 생겼고, 나는 교인들의 동의를 반강제로 얻어낸 데 대한 찜찜함이 생겼다.

하지만, 내 맘의 괴로움은 다른 데 있다. 지난 몇 년 동안 교회란 무엇인가에 대해 설교했음에도 불구하고 아직도 교인들이 교회의 존재 이유와 목적에 대해 제대로 이해하지 못하고 있다는 것이다.

천국은 죽음 후에 주어지는 보상이면서 동시에 이 땅에서 실현해야 할 현세적 사건임을 알게 하는 데 몇 년이나 걸릴까. 천국은 특정한 공간이나 세계이면서 동시에 하나의 행복한 사건이고 그 사건의 연속임을 알게 하는 데 말이다.

도둑 잡아라

새벽에 박 권사님네 벌꿀을 뜨러 나갔다. 이것은 올해의 마지막 벌꿀이며 밤꿀이다. 양봉하는 사람들에게 밤꿀은 채취가 어려운 꿀이라고 한다. 밤꿀이 피는 시기에 장마가 오기 때문에 밤꿀은 채취가 매우 어려운 꿀인데 올해는 다행히 마른장마가 이어져서 그나마 밤꿀을 채취할 수 있게 되었다. 그런데 오늘은 벌들이 평소에 비해 더 사납고 공격적이다. 꿀이 많이 있을 때는 그래도 공격성이 덜한데 꿀이 부족하다 싶으면 사납게 달려들어 더 심하게 공격한다. 벌들에게는 자신의 모자란 식량을 지키기 위한 사투가 시작되는 것이다. 방충모자를 쓰고 하는데도 망과 피부가 접촉하기만 하면 여지없이 쏘아버린다.

수십만 대군이 일제히 비상하여 날개를 치며 엔진 소리를 낼 때는 두려움과 공포가 밀려온다. '벌집을 건드렸다' 는 관용적 표현을 온몸을 느낄 수 있는 현장이다. 벌떼의 공격을 막을 수 있는 방법은 마른

쑥에 불을 피워 연기를 분사하는 것과 얼굴 부분이나 상체에 방충모자를 쓰는 것이다. 그런데도 벌들은 빈틈을 찾아 공격하기 위해 내 주위를 초음속 전투기처럼 쌩쌩 날아다닌다. 작은 손수레에 벌집을 싣고 채밀기로 이동하는 과정에 비명과 고함을 치며 따라오는 무리들도 있다. 하나밖에 없는 자기 생명을 던져서라도 나에게 기어이 고통을 주고야 말겠다는 집념으로 소리치며 따라온다.

그런데 벌떼들의 소리에 내 심장이 아파온다. 그들은 이렇게 소리치는 것 같다. "도둑 잡아라." 식구들이 죽어라 땀 흘려 모아놓은 양식을 쏙쏙 빼가는, 덩치 큰 두 발 짐승을 향한 함성을 나는 곰 같이 둔한 걸음으로 듣는다. 소리치며 따라오는 그들을 무시하고 곰처럼 둔한 몸으로 꿀을 가져가고 있는 나는 나쁜 놈이 되었다. 나는 도둑놈이다.

그런데 생각해 보니 남의 것을 도둑질하는 것보다 더 나쁜 것이 있다. 합법을 가장하여 남의 것을 당연히 내 것이라고 생각하고 빼앗아가는 뻔뻔스러움 말이다. 루소는 사회계약론에서 국가권력은 시민의 권리를 위탁받은 대리자라고 말했다. 그런데 그것을 자신의 특권처럼 휘둘러 위임자를 억압하고 자배하는 권력자가 있다면 그것은 도둑놈 보다 더 나쁜 놈이다. 꿀을 훔치면서도 꿀을 훔친다고 생각하지 못하는 게 훔치는 것보다 백 배는 더 나쁜 것이다. 이것이 나의 가장 큰 죄다.

근 두 달간 나는 도둑질을 하면서 벌에 쏘이고 살았다. 오늘도 얼굴에 한 방 맞았다. 그런데 벌에 쏘일 때 느낌은 아주 특별하다. 단단하게 결속된 유리용기나 얼음이 갑자기 외부로부터 충격을 받아 파열되는 느낌이다. 내가 행하는 모든 것이 당연하다고 생각하는, 견고한 생각의 틀이 깨지는 느낌이다. 벌들의 양식을 빼앗는 것이 당연하다는 생각의 틀이 오늘 아침에 깨지고 말았다.

이름만 대면 다 알 만한 어느 지방의 대형교회 은퇴목사님과 단둘이서 식사한 적이 있다. 그는 자신의 목회 역정을 장황하게 떠들었다. 그리고 자기가 성장시킨 그 교회를 자기 아들에게 세습했다는 얘기도 자랑스레 하였다. 세습을 금하는 교단의 법에도 불구하고 배짱으로 그것을 무시해버렸다고 한다. 그래도 교단에서 아무도 자기에게 이의를 제기하지 않았다는 얘기도 자랑스레 하였다. 자기의 권위에 대한 자랑이었다. 식사 중에도 교회 직원들이 교회 업무를 묻는 전화가 계속 울려왔다. 그는 은퇴하지 않은 은퇴목사였다.

나는 식사 중간에 화장실을 가는 척 하고 밖으로 나와 밥값을 계산했다. 내가 받는 사례비를 생각하면 가슴 아픈 금액이다. 하지만, 나는 그에게 밥을 얻어먹고 싶지 않았다. 그것이 잘못된 것인지도 모르는 사람, 온몸에 더러운 오물을 묻히고도 더러운 줄 모르고 떠드는 사람에게 밥을 얻어먹고 싶지 않았다. 그 불쌍한 사람에게 밥값을 내게 해서는 안 되었다.

교회, 그리고 평화

마을 노인들을 모시고 점심을 먹으러 갔다. 점심 먹고 오는 길에 시간도 남고 소화도 시킬 겸 〈노근리 평화공원〉에 들렀다. 이곳은 한국전쟁 때 마을 주민이 미군의 대피명령에 따라 피난을 가는 도중 미군의 집중 총격을 받아 삼백여 명의 양민이 목숨을 잃은 사건을 기록하고 알리며, 희생자를 기리기 위한 공원이다. 전쟁 중에 발생한 민간인 학살 사건으로 '노근리 사건', 또는 '노근리 양민 학살 사건' 등으로 불린다.

이 사건은 1990년대 중반에 AP통신의 특별취재팀이 탐사 보도하여 미국의 시민사회가 전쟁 중에 저지른 자국 군대의 끔찍한 학살 만행에 대해 분노를 일으켰다. 이는 빌 클린턴 대통령까지 나서서 유감 성명을 발표했던 전쟁범죄 사건이다.

평화공원에서 우리는 노근리 사건의 진상을 알리는 영상물과 함께 여러 가지 증거 자료를 보았다. 이들에게 전시된 문서자료나 사진

자료를 통해 진실을 알게 하는 일은 불가능하다. 이들은 대부분 노인들이고 문서나 사진 등을 보고 논리적으로 진실에 접근하고 이해할 수 있는 교육받은 분들이 아니기 때문이다. 하지만, 영상물에는 분명한 내레이션으로 설명하고 있었다. 나는 노인들에게 평화에 대한 교육을 목적으로 이곳에 온 것은 아니다. 그냥 지나가는 길에 그 공원이 있고, 시간이 남았을 뿐이다.

그런데 그들이 사는 바로 옆 마을에서 일어난 비인간적인 사건에 대해서 아무런 감흥이 없는 듯했다. 사람이 이유 없이 살해당했다는데, 그것도 우리 마을에서 가까운 곳에서 아주 끔찍한 일이 벌어졌다는데도 별 반응이 없었다. 급기야는 공원을 나와 차에 탔을 때 어느 할머니가 주머니를 뚫고 나온 송곳같이 뾰족한 말을 꺼냈다.

"미군들이 빨갱인 줄 알고 쐈겄제."

영상물에는 미군이 분명히 자신들의 명령에 의해 피난길에 오른 마을 주민이었다는 사실을 알고 3박4일간 총을 쏘았다는 진술이 나온다. 당시 총을 쏘았던 참전 미군의 증언도 나온다. 복잡한 논리로 접근해야만 이해할 수 있는 긴 영상물도 아니고 한쪽의 주장만 있는 이야기도 아니다. 짧은 시간에 간결하게 전달될 수 있는 메시지다. 한국어 내레이션도 간결하고 반복적으로 이를 말한다.

그런데도 이들은 미군은 절대 그런 짓을 하지 않았을 것이라는 확신을 갖고 있었다. '미군의 실수'였고 "전쟁통에 사람 몇 죽을 수도 있지……."라는 생각을 하고 있는 것 같았다. 미군에 대한 절대적인 신뢰는 사건의 실체적 진실 앞에서도 그것을 받아들이지 못하게 하고 있었다. 진실을 보고도 그것을 받아들이지 못하는 이유는 정치적 편견이 이데올로기적 신념을 넘어 종교적 신념으로 굳어졌기 때문이다. 이러한 믿음은 무지와 폭력을 낳게 된다.

폭력은 물리적으로만 행사되는 것이 아니다. 내 사유 속에 어떤 것은 들어올 수 있고 또 어떤 것은 들어올 수 없다는 생각의 구조가 폭력이다. 내가 가진 신념의 지배질서 안에서 타인의 생각을 분해하고 재조립하려는 태도가 폭력이다. 그 폭력은 눈에 보이는 게 아니다. 보이지 않는 폭력은 오히려 보이는 폭력보다 더 잔인하고 가혹하다. 이 점에 대해서는 전상국의 소설 〈우상의 눈물〉에서 잘 그려지고 있다.

또 유대인들의 사마리아에 대한 신학적, 정치적 분리주의에서도 보이지 않는 국가적 폭력이 나타난다. 예수님은 사마리아 우물가에서 여인과 대화하며 유대인의 분리주의적 폭력질서의 파괴를 선언하셨다. 여기냐 저기냐가 아니라 그곳이 어느 곳이든 신령과 진정으로 예배하는 장소가 하나님의 성전이라는 것이다.

무엇이 정통이냐, 무엇이 옳으냐를 판단하는 시점이 폭력의 시작점이다. 그래서 예수님은 "비판하지 말라^{마7:1}"고 하셨다. 여기서 말하는 비판의 원어적 의미는 심판^{Judgment}이다. 우리는 자기의 정치적 신념으로 신앙을 이해하고 접근하는 경우가 많다. 보수든 진보든 자기의 정치적 신념으로 신앙마저 평가하고 심판하려는 태도를 갖는다.

폭력의 실체를 마주볼 때 평화를 만들 수 있다. 폭력을 마주보지 못하면 평화에 대한 개념도 희망도 있을 수 없다. 십자가는 예수님을 잔혹하게 살해한 폭력의 지배질서를 보는 것으로부터 시작하여 초월적 구원의 역사에 이르는 것으로 우리를 인도한다. 십자가를 걸고 있는 이 땅의 모든 교회는 〈예수평화공원〉이어야 한다.

하나도 안 바쁜 사람

 사람들이 너무 바쁘다. 어떤 사람은 바쁘다는 말을 습관적으로 입에 달고 산다. 바쁘게 사는 것이 많은 일이 있고 대인관계가 넓은 사람의 표징, 즉 능력 있는 사람의 표징이 되어버렸다. 기계처럼 쉬지 않고 일하는 사람이 근대성에 가장 적합한 사람이 되어 버린 것이다. 바쁜 사람은 만나기가 부담스럽다. 그래서 사람을 만날 때 원칙을 정했다. '나는 하나도 안 바쁩니다'는 인상을 주기로 말이다.

내가 20대 때 지방 일간지의 편집장으로 있던, 올드미스였던 선배가 기억난다. 그는 연락하면 언제나 선선히 내 요청에 따라 시간을 내주었고, 어느 때는 아주 오랫동안 나의 말에 귀 기울여 주었다. 나한테만 특별히 그랬던 것은 아니었다. 지금 돌이켜보면 일간지 편집장 자리가 그리 녹녹했던 자리도 아니고 시간도 그리 여유로운 자리도 아니었다. 그런데도 그녀는 언제나 시간이 남아도는 사람처럼 여유롭

게 사람을 대했다.

그녀의 얼굴엔 언제나 미소가 머물러 있었고 여유로워 보였다. 말을 빨리 하지 않고 행동도 빠르게 하지 않았다. 그래도 그는 유능한 편집장으로 인정받는 사람이었다. 지금 생각해보니 불가해한 일이었다. 서두르지도 않는데 그 많은 일들을 다 처리하고 자기를 찾는 사람들에게 일일이 시간을 내어 친구가 되어주는 그의 삶은 경이롭기까지 하다. 그녀는 물리적인 시간을 통제하고 다스릴 줄 아는, 지혜로운 사람이었다. 그것은 바쁜 세상을 살아가는 데 있어 도달하기 힘든 지혜의 경지다.

나는 크리스천을 특별히 분류하여 호칭할 때 '하나님의 사람'이나 '그리스도인'이라고 하는 경우가 있다. 제도화된 종교의 형식 속에 거주하는 사람을 기독교인이라 한다면 이 두 이름은 종교적 형식과 무관하게 기독교적 가치를 이해하고 그것을 실천하며 사는, 신실한 사람을 말할 때 사용한다. 하나님의 사람은 하나님 나라의 정의를 이해하고 그 나라의 시민의식을 갖고 사는 사람, 그래서 세속적 가치와 분명한 대립 의식을 갖고 사는 사람을 뜻한다.

또 그리스도인이라고 할 때는 그가 그리스도의 희생과 구원의 의미를 이해하고 그 안에 분명한 정체성을 가진 사람을 뜻한다. 그리스도가 우리에게 보여주었던 자기희생과 구원의 역동성이 그의 영혼과 삶속에 에너지로 작동하는 사람은 그의 얼굴빛과 삶에서 드러나게 된다. 열매를 보면 나무를 알 수 있듯이 하나님의 사람과 그리스도인은 그의 삶의 태도를 보면 그의 정신과 신앙을 알 수 있다.

하나님의 사람과 그리스도인의 특징은 바쁘게 살지 않는다는 것이다. 바쁘지 않아서가 아니라 노동과 시간을 지배할 수 있는 내적 에너지를 갖고 있기 때문이다. 바쁘다는 것은 세속적 명리나 욕구를 따라 사는 사람이라는 뜻이다. 세속적 지배질서에 구속될수록 바빠질 수밖에 없다. 마음에 하나님 나라가 임하면 바쁜 삶의 속도에 이끌려 가는 게 아니라 그 속도를 지배할 수 있게 된다. 그러니 바빠도 바쁘지 않을 수 있는 것이다.

바쁘다고 말하지 않을 것이다. 대신 '나는 하나도 안 바쁘다, 그러니 언제든지 연락 주세요.'라고 미소 짓고 싶다. 그리하여 대지를 흘러가는 강물처럼 깊고 느린 걸음으로 그대를 품고 싶다. 난 하나도 안 바쁘다. 나는 하나님의 사람이다.

공부만 못하는 아이

우리 마을에 똥영이라는 아이가 있다. 녀석은 공부와 무관한 삶을 사는 녀석이다. 그래서 학교에서 아예 내놓은 아이로 소문난 녀석이다. 그래서 김동영이라는 이름이 있음에도 학교에서는 똥영이로 통한다. 자라나는 아이들을 길들이고 그 길들여진 정도에 의해 가치판단을 내리는 학교라는 절대적 권력기관의 기준으로 보면 동영이는 분명 똥영이일 수밖에 없다.

엄마아빠의 이혼으로 할머니 집에 살던 녀석은 나와의 짧은 인연을 뒤로 하고 새엄마가 있는 도시로 떠나고 말았다. 하지만, 똥영이는 나에게 아침햇살 같고 샘물 같은 녀석이었다. 얼굴에는 장난기 가득한 웃음으로 출렁였다. 그 웃음이 어찌나 해맑은지 마치 지금 막 얼굴을 씻고 떠오르는 아침 햇살 같았다. 머리는 깎은 지 오래되어 아무렇게나 뻗은 머리칼이 귀를 반쯤 덮고 있었다. 그 더벅머리 아래 똘기로 충만한 녀석의 얼굴은 어디로 튈지 모르는 럭비공 같았다.

길을 걸어갈 때도 몸을 가만 놔두지 않고 요상하게 비틀며 손끝에 닿는 것들을 툭툭 건드리기 일쑤다. 그런데 녀석과 같이 놀아본 경험에 의하면 동영이는 매우 착하고 부지런한 녀석이었다. 어떤 일을 해도 어른이 시키는 일을 거부하지 않을 뿐만 아니라 그것을 책임감 있게 잘 해결하였다. 한 번은 교회 옆의 텃밭에 배추를 심어서 추수하는 날이었다. 녀석이 길을 가다가 내가 일하는 모습을 보고는 달려와서 거들기 시작했다.

그런데 녀석의 일하는 솜씨가 어른스럽다. 배추를 뽑아서 뿌리를 자르고 겉잎들을 벗겨내는 게 많이 해본 솜씨다. 그런데 많이 해 봤다고 누구든지 능숙하게 잘할 수 있는 것은 아니다. 배추 겉잎을 어디까지 벗겨내야 하는지, 배추 뿌리는 어디까지 잘라야 하는지 등의 문제에 대한 판단은 그리 쉽지 않은 일이다. 너무 바짝 자르면 배추의 겉잎이 무리하게 많이 잘려나가게 되고 너무 길게 자르면 필요 없는 겉잎을 따내는 데 방해가 된다. 배추 하나하나를 손질할 때마다 그에 따라 각기 다른 선택을 해야 한다. 그러므로 이것은 경험과 직관으로 판단해야 할 일이다. 또 배추를 창고에 쌓는 일도 만만한 일이 아니다. 크기와 형태가 다른 물건을 무너지지 않게 쌓아올리는 일은 아무나 할 수 없는 일이다. 그런데 동영이는 그 일을 능수능란하게 해냈다. 사물의 생리와 형태를 직관적으로 읽어내고 그것에 맞게 일을 척척 진행시켜나갔다.

동네 어린아이들과 놀 때도 아래 동생들에게 짓궂은 장난을 하면서도 다치거나 상하지 않도록 그 정도를 조정한다. 어른 앞에서는 늘 고개를 깊이 숙여 정중하게 인사하고 할머니가 일하는 양 싶으면 주저 없이 달려들어 할머니를 돕는다. 건강하고 지혜로우며 사물의 이치를 알고 사람 사이에 지켜야 할 도리를 아는 녀석이다. 무질서하고 산만한 것 같지만 그와 함께 조금만 놀아보면 그 안에 예의가 있고 생각의 질서가 있는 것을 알 수 있다. 제 흥에 겨워 지껄이고 행동하는 것들 속에서도 절제가 있는 것을 볼 수 있다.

그런데 동영이가 똥영이로 불리는 이유는 다 그놈의 공부 때문이다. 어떤 아이가 공부를 잘하면 다른 것은 못해도 용서가 된다. 하지만, 공부를 못하면 다른 것들도 다 잘못하는 것으로 이해된다. 그래서 "공부도 못하는 아이"로 낙인찍히게 된다. 학교로부터 이단적인 학생으로 인식되는 것이다. 지금이야 많이 달라져서 예전보다 나아졌지만 성적으로 사람을 평가하는 기준은 달라지지 않았다. 동영이는 '공부도 못하는 아이'가 아니라 사실은 '공부만 못하는 아이'다. 공부 외에 모든 것에 버릴 것이 없는 아이다.

어찌 보면 예수님의 열두 제자들은 모두 동영이 같은 '놈'들이었다. 기득권 사회 구조의 변방에 소외되어 이단성의 낙인을 찍히고 불안한 삶을 살아갔던 사람들이다. 동영이에게 이단성의 낙인을 찍은 우리 시대의 거대한 힘을 본다. 그리고 로마 권력과 예루살렘 정주권자들이 낙인찍은 갈릴리의 사람들을 연상한다. 그곳에 예수가 출현했다는 사실을 다시 상기하며 교회의 역할과 모습을 생각한다. 예수의 출현은 변방으로부터 중심으로, 이단성의 혐의로부터 정통성의 확신으로 모든 사람을 세우는 일이었다.

인간에게 깊이가 있다면 그것은 인간을 이해하고 바라보는 타자의 시선과 마음에 의해 측정될 수 있다. 그래서 그것은 '인간의 깊이'가 아니라 '인간에 대한 깊이'라고 할 수 있다. 타자를 통해 자신의 존재를 확인할 때 객관적인 인식의 창이 열리기 때문이다.

85세 되신 권사님 가정에 갔다가 그의 앨범 가운데 있는 오래된 사진 한 장을 보았다. 무슨 사연이 있는 것 같아서 물었더니 권사님이 이야기 보따리를 풀어놓는다.

"내가 열여섯 살에 스물아홉 남자에게 시집을 왔시오. 전쟁통에 가족을 잃고 이리저리 떠돌다가 너무 배가 고파 시집이라도 가면 밥이야 굶겠냐는 생각으로 얼굴 한 번도 못 본 남자에게 팔려간 게지요. 중신애비 말만 듣고 짚세기에 옷보따리 하나 달랑 들고 시집이라고 찾아가는데 고개를 몇 개나 넘었는지도 몰라요. 생전 처음 가는 곳을 물어물어 찾아간 게지요. 고개를 하나 넘을 때마다 서러워서 울고 배고파서 울고 까진 발꿈치가 아려서 울고……."

"시집 마당에 들어서니 다 쓰러져가는 초가집 봉돌에 성질 사납게 생긴 똥짤막한 시어미 앙칼지게 쏘아보며 던지는 첫마디가 "왜 인자 왔노, 어여 밥 하그라"하면서 횡 나가버립디다. 부엌에 들어가서 아무리 뒤져봐도 쌀 한 톨은 고사하고 강냉이 한 톨도 보이지 않았시요. 하도 기가 맥혀 어두컴컴한 산에 올라가 나무뿌리를 캐다 삶아 밥상에 올려 놓으니 눈물이, 눈물이 여름 장마같이 쏟아지데요."

"그런데 더 기가 맥힌 것은 밥상머리에 몇날며칠을 씻지도 않은 꼬질꼬질한 계집애가 달려드는데 새신랑에게 '아부지'라고 하지 않겠시요? 아이고, 하늘이 노래졌시요. 속아도 속아도 이렇게 속을 수가 있을까? 성질 사나운 시어머니에 강냉이 한 톨 없는 가난뱅이에, 또 전처에게 난 칠푼이 딸과 전처마저 도망가게 한 한량 주정뱅이 남자에다 ……."

"방 하나에 시어미하고 새신랑하고 그 바보 딸하고 첫날밤을 보냈시오. 밤이 깊으면 이 집구석에서 도망가야겠다고 생각하고 다 잠들기를 기다렸시요. 그런데 모자란 칠푼이 딸년이 내 가슴을 헤집고 들면서 '엄마, 엄마' 하데요. 그 어린 것이 밥에 굶주리고 정에 굶주려서 가슴을 파고 드는데 억장이 무너지는 거 같았시요. 나이로 치면 언니 동생 뻘밖에 안 되는데 같은 여자라는 생각에 더 맘이 아팠시요. 이 어린 것을 두고 도망간 에미 마음은 또 어떨까 하는 생각도 들고……."

"그 어린 것 때문에 발목 잡혀 지금까지 이렇게 살아왔시요. 일도 안 하고 술만 먹고 자빠진 신랑까지 멕여 살리느라 대장간에서 겐 노질햄머질까지 해가며, 참 억세게 살았시요. 여태까정……."

얘기를 다 마친 권사님이 깊은 한숨을 쉬며 먼 산을 내다본다. 나는 먼 산을 보고 있는 권사님의 내면에 시선을 깊이 내린다. 그 깊고 어두운 곳에 따뜻하게 출렁이는 인간에 대한 깊이를 헤아려본다. 나도 그 깊은 곳에 내려가고 싶다.

기억과 신념의 우상

아내와 두 아들을 동반하여 몇 년 만에 하루 코스 나들이를 다녀왔다. 수 년 전에 아이들과 휴가를 다녀온 남해 이야기를 하다가 아내는 그 때 경주도 함께 경유하지 않았느냐고 했고 나는 그렇지 않을 것이라고 했다. 서로가 기억이 가물거린 탓이다.

하지만, 남해에서 경주로 오기에는 코스가 맞지 않기에 나는 그 노정에 대해 합리적 의심을 하였다. 정확하지 않은 기억 앞에서는 합리적 의심으로 추론하는 것이 더 정확할 때가 있다.

그런데 두 아들이 갑자기 아내의 기억에 동조하는 바람에 나의 합리적 의심은 패배의 잔을 마셔야 했다. 민주주의의 다수결 원칙에 길들여진 아이들이 아빠의 패배를 인정하라고 몰아붙였다. 나는 깨끗이 물러나야 했다. 여행 중에 사소한 생각 차이로 분위기를 망쳐서는 안 된다. 함께 외식을 나가도 아이들의 입맛에 맞는 음식을 위해 내가 먹고 싶은 것을 포기해야 하고, 내가 좋아하지 않는 음악도 아내를 위해 함께 들어주어야 한다. 가족의 평화를 위해 내 생각과 견해쯤은 과감하게 포기하는 게 가장이 보여주어야 할 관용이며 미덕이다.

그런데 집에 돌아온 아내가 넌지시 말하였다. "미안해요, 아까 낮에 내가 한 말이 틀렸어요. 경주는 그해에 간 게 아니었는데……." 명확하지 않은 자신의 기억을 동조자들과 연대하여 확증적으로 말한 자신의 태도에 대해 사과한 것이다. 나는 아무렇지도 않은 듯 웃고 지나갔다.

우리는 가끔 자신의 기억이나 신념에 대해 과신하는 경우가 있다. 명확하지 않거나 논리나 근거가 빈약한 자신의 생각과 신념들을 누군가에게 강제하려는 경향이 있다. 특히 정치적 신념이나 종교적 신념으로 무장된 집단의 경우 이런 경향이 더욱 강하게 나타난다. 상대방의 말을 듣기도 전에 자신의 신념만을 내세워 폭력적으로 상대를 제압하려 한다. 이는 자신의 신념을 너무 확고하게 믿기 때문이다. 확고한 믿음은 일체의 다른 의견이나 입장을 받아들이지 않으려 한다. 신념이 우상화되었기 때문이다. 자신의 불완전성과 존재에 대한 불안감은 어떤 외부 대상이나 신념을 절대화함으로서 자신과 다른 입장에 있는 대상을 공격하고 파괴하려는 태도를 취한다. 이것은 물질이나 신념 등을 소유하여 타인을 지배하려는 인간의 속성이다. 존재함으로 평안과 기쁨을 얻게 하는 하나님의 속성과 반대의 기질이다.

정치적 신념 때문에 우리는 얼마나 많은 동류 형제에게 상처를 주고 그들의 생명을 파괴하였는가. 하나님의 이름으로 우리는 얼마나 많은 형제를 살해하였는가. 정치적 이데올로기로, 또 하나님의 이름으로 자행된 잔혹한 살육전쟁은 바로 이러한 신념의 결과물들이었다.

계몽주의자들이 인간 이성을 절대 가치로 보았지만 실은 이성만큼 폭력적인 게 없다는 것을 지난 역사에서 보아왔다. 이성이 기계적으로 작동할 때 합리적 계산으로 모든 것을 판단하게 된다는 것이 탈근대성을 연구하는 철학자 일파에서 이미 제시되었다. 기독교가 이성적 종교가 된 이후로 이러한 적대감과 파괴적 성향이 두드러지게 나타났다. 제국으로부터 탄압받던 초대교회가 갑자기 콘스탄틴의 공인公認으로 인해 제국의 종교로 타락하고 말았다. 초대교회의 역사를 기록한 유세비우스는 그의 『교회사』에서 콘스탄티누스에 대한 찬양을 늘어놓았다. 하지만, 콘스탄티누스의 기독교 공인은 제국의 칼에 피흘리던 기독교가 제국의 칼을 휘두르는 입장으로 바꾸어 놓은 것이었다. 이후로 기독교는 예수님의 땅 갈릴래아를 버리고 제사장과 바리새인의 땅 예루살렘으로 본거지를 옮겨버렸다. 예수님은 여전히 갈릴래아에 계시는데 말이다.

예루살렘 종교지도자들은 자기 조상의 전통 안에서 한 발자국도 벗어나지 못하고 그것을 통해서만 하나님을 이해하려 했다. 그들은 조상들의 오래된 종교적 관습과 신념으로 예수님을 살해했다. 우리의 기억과 신념이 참된 본질을 잃고 우상으로 전락하는 일은 지금도 계속되고 있다. 목소리 크고 주장이 강한 사람일수록 기억과 신념의 우상에 사로잡힌 경우가 많다.

여행은 너무 익숙하여 딱딱해진 일상의 껍질을 깨는 일이다. 일상은 동일한 삶의 반복이다. 동일한 삶이 반복될 때 삶은 무의미해진다. 무의미는 삶의 피로도를 높인다. 그래서 이창동 감독의 영화 〈박하사탕〉은 시간상 1979년 공단의 젊은 노동자들이 강변으로 소풍을 나간 어느 날에서부터 시작된다. 〈박하사탕〉의 주인공 순임은 영호에게 박하사탕을 건네며 이렇게 말한다. "저 그거 하루에 천 개씩 접어요." 무의미하게 반복되는 산업사회의 기계적 반복노동의 일면을 보여주는 얘기다. 1979년은 숨 쉴 틈도 주지 않고 산업화를 몰아붙이던 박정희 대통령이 피격된 해다. 소풍은 그의 죽음으로부터 시작된 것이다. 무의미의 공간을 벗어날 때 박하사탕은 순수의 상징으로 재탄생되었다.

같은 시간에 일어나고 같은 시간에 잠자리에 들고, 하루 세 끼를 같은 시간에 먹는 일, 그리고 직장이나 학교에서 분할된 피자 조각처럼 시간을 일정하게 나누어 써야 하는 삶, 기계적으로 반복되는 삶은 사람을 무의미하게 만든다. 시치포스가 제우스의 형벌로 커다란 바위를 산꼭대기에 밀어 올리는 형벌을 받았지만 산꼭대기에 거의 다다를 무렵이면 어김없이 바위는 바닥으로 굴러 떨어진다. 굴러 떨어질 줄 알면서도 다시 밀어 올려야 하는 반복, 이 무의미가 인간에게 주어진 가장 큰 형벌이었던 것이다.

4인용 식탁과 푹신한 쇼파, 그리고 벽걸이형 TV와 리모콘으로 상징되는 현대인의 거주 형태는 대화할 새도 없이 바쁘게 밥 먹고 뛰쳐나가는 아이들과 TV를 보다가 리모콘을 손에 든 채 잠든 가장의 모습을 떠올리게 한다. 이것은 반복되는 일상이 현대인의 삶을 얼마나 피곤하고 무의미하게 만드는지를 보여준다. 여행은 이러한 무의미로부터 벗어나는 일이다. 너무 익숙하여 이제는 벗을 수 없는 갑각류의 껍질 같은 삶의 형식을 파괴하는 일이다.

나는 여행을 할 때 적어도 두 가지 정도의 남다른 취향을 갖고 있다. 첫번째는 낯선 시골 마을이나 도시의 허름한 변두리 미장원에서 머리를 자르는 일이다. 내 헤어스타일이 어떻게 변하든 그건 상관하지 않는다. 다만 낯선 공간과 사물, 사람과 맞닥뜨리는 생경함을 즐기는 것이다. 그래서 간혹 이상하게 깎인 머리 때문에 아내에게 지청구를 듣는다. 그렇다고 해서 나의 취향과 자유의지를 포기하지 않는다.

어느 소읍의 변두리 미용실 앞을 지나는데 문이 활짝 열려있다. 미용실 안을 들여다보니 앳돼 보이는 주인 아가씨가 졸린 눈으로 앉아있다. 하지만, 그녀는 많이 뚱뚱했고 손님들이 찾아와 줄 것 같지 않은 인상이었다. 그녀의 태도 또한 미용실에 손님이 없는 이유를 말해주고 있었다. 안타까운 마음으로 그녀에게 머리를 맡겼다. 그런데 머리 모양이 이상했다. 아내에게 또 지청구를 듣겠다 싶으면서도 나는 뭐 대단한 일이라도 한 것처럼 기뻤다. 그녀는 나 하나 때문에 만 원의 희망을 벌었을 것이다. 나는 그녀에게 작은 희망과 기쁨을 선물했고 그녀는 나에게 익숙한 친절함과 세련됨의 일상에서 벗어날 수 있게 하였다.

두번째는 쇠락해가는 허름한 변두리 극장을 찾는 것이다. 지금이야 그런 극장이 다 사라지고 없지만 10여 년 전만 해도 그런 극장이 그래도 제법 남아있었다. 그곳에서 상영되는 영화가 무엇이든 나는 촌스럽거나 고풍스러운 옛정취를 즐기는 것을 좋아한다. 어느 핸가 나는 고향 금산의 낡은 영화관에 들어섰다. 먼지가 뿌옇고 거미줄이 쳐진 게 아주 문을 닫았나 싶어 돌아 나오려는데, 투박한 충청도 말씨가 뒷덜미를 잡는다.

"영화보러 오셨슈?"
"예……."

슬리퍼를 거칠게 끌며 나온 그는 하품을 길게 하였고 그의 검은 입 속엔 누런 어금니가 빛바랜 사진처럼 박혀있었다.

"들어가슈, 금방 틀어줄팅게."

"티켓은……."
"끊을 거 읍슈, 끊어 줄 놈두 읍구……."
"얼마에요?"
"구천 원."

팔뚝에 문신을 새긴 그의 짧은 한 마디는 굵고 짧게 살아왔을 것 같은 인생의 내력만큼이나 주어와 서술어를 과감하게 생략해 버렸다. 내가 만 원짜리 한 장을 꺼내자 그는 난색을 한다.

"거스름돈 읍는디……."
"거 오천 원짜리나 한 장 줘 봐유."

그는 벌써 내 지갑을 훔쳐보고 있었다. 오천 원짜리를 건네자 그는 이렇게 말한다.

"들어가슈, 틀어줄팅게."

영화관 안에는 아무도 없었다. 나 혼자 보는 영화, 지정석 없이 어디든 골라 앉을 수 있는 영화관, 나를 위한, 나만을 위한 영화가 상영되기를 기다린다. 이 황량한 어둠의 심연에 혼자 앉아있다. 곧이어 영화가 나온다. 마치 대한 늬우스라도 나올 것 같은 분위기다. 그런데 그 남자가 어두컴컴한 등 뒤에서 소리 지른다.

“잘 뵈유?”

여행은 나를 낯설게 하여 나와 세계를 재조명하고 일상을 재설정하는 일이다.

예배 또한 무의미한 일상으로부터 나를 불러내는 일이다. 일상의 무의미로부터 벗어나 존재의 의미를 확인하는 게 예배다. 일상의 속됨으로부터 나를 불러내 성별된 시간으로 초청하는 게 예배다. 통속적인 시간을 살아가는 내가 영원한 그 나라로 여행하는 게 예배다. 예배는 존재의 근원을 향한 여행이다. 예배는 속되고 무의미한 일상으로부터의 여행이다. 예배가 재미없고 지루한 이유는 예배에 우리를 낯설게 하는 능력이 없기 때문이다.

아가, 관능적 아름다움을 넘어

장르를 불문하고 내가 읽은 글 중에 가장 관능미 넘치는 문장은 뭐니 뭐니 해도 구약성경의 〈아가〉에 있다. 고대 언어로 '최고의 노래song of songs'라는 뜻을 가진 이 시는 현대의 통속적 언어로 표현하면 '야한 노래'다. 백제 무왕의 〈서동요〉가 짧은 시문을 통해 멜로드라마를 창작했다면 〈아가서〉는 노래와 서사를 함께 버무려 질펀한 성애性愛의 밀실로 독자를 안내한다. 아가서는 결혼을 모티프로 한 에로틱한 뮤지컬 대본이었다.

하지만, 아가서는 자칫 천박하고 통속적일 수 있는 성애를 거룩하고 성스러운 차원으로 승화시킨다. 아니, 아가서 본문 스스로가 자신을 승화시키는 게 아니라 그것을 읽고 해석하는 독자가 높은 차원으로 승화시켜야 한다. 아가서의 본문에는 '하나님' 이라는 호칭이 단 한 번도 나오지 않기 때문이다. 어떻게 보면 아가서는 성경과 전혀 어울리지 않는 책이다. 그럼에도 이것이 정경에 포함 될 수 있는 이유는 비유와 상징 같은 고도의 문학적 장치를 통해 하나님과 그의 백성간의 관계를 암시하기 때문이다.

내가 대학에 다닐 때 내게 호감을 가지고 있는 여학생으로부터 몇 번인가 사귐의 제안을 받았던 거 같다. 하지만, 나는 남녀관계에 있어 매우 순진하고 서툴렀다. 그래서 그들이 건네는 암시를 알아차리지 못했다. 당시만 해도 남녀관계에 있어 직접적인 접근이나 고백이 어려웠던 시절이었다. 그래서 눈치 빠른 친구들은 이성이 보내는 암시를 잘 해석하고 연애에 성공하곤 하였다. 내 인생이 더디고 힘들게 살아야 하는 이유도 하나님이 보내는 사랑의 암시와 메시지를 읽는 데 서툴기 때문이다.

성경을 읽을 때도 이러한 암시와 맥락을 읽을 수 있어야 한다. 특히 아가서와 같이 야한 노래, 통속적인 언어를 접할 때는 이해의 수준을 달리 해야 한다. 그래서 아가서에 대해서는 신학자들의 다양한 견해와 해석이 있다. 하지만, 오늘날 한국교회에서 주로 접하는 방법은 알레고리 해석이다. 에로틱한 노래와 진술들이 하나님과 그의 선택한 백성과의 결혼관계에 대한 비유라고 보는 것이다.

청소년이나 미성년자가 참여한 회중 가운데 아가서의 본문을 소리 내어 읽기란 여간 조심스러운 게 아니다. 우리의 설교들은 대부분 성경 본문을 읽고 난 뒤에 메시지를 전하는 방법을 택하기 때문이다. 특히 문학적인 이해가 부족한 설교자나 차원 높은 종교적 비유들을 잘 이해할 수 없는 청중 앞에서라면 아가서를 본문으로 하는 설교를 포기하는 게 나을 것이다.

어떤 이는 이런 말을 하였다. 강도나 사기꾼, 심지어 살인자도 목사가 될 수 있다. 회개하고 하나님 앞에 돌아온 사람이면 그 누구라도 다 목사가 될 수 있다. 하지만, 목사가 될 수 없는 사람이 있는데 그는 바로 국어를 못하는 사람이다. 다양한 문학적 양식으로 쓰인 성경을 읽고 해석하는 국어 능력이 없는 사람이 목사가 되면 성경의 메시지를 보는 게 아니라 문자만 보기 때문이다.

아가서의 문장이 야하게 읽히지 않는 사람은 그것의 관능적 아름다움을 볼 수 없는, 돌 같은 사람이다. 아가서의 문장이 야하게 읽히는 사람은 문장의 맛을 아는 사람이다. 아가서의 낱말과 문장들이 내 안으로 들어와 살아 움직이며 평안과 기쁨으로 충만케 될 때 비로소 아가서를 읽었다고 할 수 있다. 그대는 아가서가 보이는가, 아니면 읽히는가. 아니, 성경이 보이는가, 아니면 읽히는가.

입 맞춰 주세요. 당신의 입술로 내 입술 덮어 주세요!
그래요, 당신의 사랑은 포도주보다 달콤하고
당신이 바른 향유보다 더 향기로워요.
당신의 이름을 부를 때면 초원의 냇물 흘러가는 소리가 들려와요.
그러니 다들 당신의 이름 말하기를 좋아할 수밖에요!
나를 데려가 주세요! 우리 함께 도망쳐요!
나의 왕, 나의 연인이여, 우리끼리 몰래 떠나요!
우리 축하하고 노래하며
멋진 사랑의 음악을 연주해요.

그래요! 당신의 사랑은 최상품 포도주보다 달콤하니까요.

다들 당신을 사랑해요. 당연한 일이지요! 아무렴요!

유진 피터슨, 『메시지』 아가1:2-4

갤럭시 노트4, 그리고 창의

삼성이 갤럭시 노트4를 출시하면서 강도 실험을 했다. 엉덩이로 깔고 앉아도 휘어지지 않는다고 광고했다. 실제 광고에는 청바지를 입은 젊은 여자가 엉덩이로 갤럭시 노트4를 깔고 앉는 이미지가 사용되었다. 물론 큰 엉덩이와 갤럭시 노트4가 클로즈업되었다. 그리고 "우리의 엉덩이는 생각보다 강하다"는 카피를 사용했다. 육중하고 강한 엉덩이의 압력에도 파열되지 않는 튼튼한 내구성을 가진 핸드폰이라는 뜻이다.

이 기사와 사진을 보는 순간 나는 갤럭시 노트4가 호두를 까는 데 아주 좋을 것이라고 생각했다. 핸드폰이 하드웨어의 견고성에 목적이 있다면 그것은 딱딱한 견과류의 외피를 깨는 데 적절한 기능을 갖게 될 것이다. 호두를 깨기 위해 쇠망치를 들 필요가 없게 되는 것이다.

이 광고는 한국 기업의 패러다임을 잘 보여준다. 한국 기업들, 특히 일류기업이라고 자타가 공인하는 삼성이 하드웨어에 집중하고 있음을 보여주는 것이다. 삼성이 미국의 애플아이폰과 경쟁하는 과정에서 시장 점유율을 자랑한다. 삼성이 애플보다 많이 팔았고 시장 점유율도 높다는 것이다. 하지만, 실제로 휴대폰을 판매하여 얻은 수익을 기준으로 봤을 때는 애플이 삼성보다 수익률이 2·3배 높다.

삼성은 휴대폰을 하드웨어적인 패러다임으로 인식하고 시장에 내다 파는 물량에 기초하는 데 반해 애플은 소프트웨어에 기반하며 수익률에 포커스를 맞추고 있는 것이다. 애플의 경우 하드웨어는 다른 기업에 외주를 주어 생산하는 방식을 택하고 자신들은 디자인과 프로그램 개발에 집중한다.

소프트웨어에 대한 무관심은 IT기기의 본질적 기능에 대한 무지의 소산이다. 이런 식의 기기는 이미 중국 기업들이 다 할 수 있는 수준이다. 그리고 중국 기업들이 저가의 휴대폰을 들고 나와 가격 경쟁력도 없게 됐다. 나는 머지않아 세계 시장에서 삼성의 휴대폰이 영향력을 잃고 몰락의 길을 갈 것이라고 생각한다.

삼성 갤럭시폰을 보면서 나는 한국의 개신교회를 생각한다. 어쩌면 이 둘은 쌍둥이처럼 닮아있다. 한국교회도 그동안 소프트웨어보다 하드웨어를 키우는 데 몰두하다 보니 교회의 본질적 이해에서 많이 멀어졌다. 교회를 상품으로, 그리고 세속사회와 시민을 시장으로 설정하여 본다면 지금 한국교회는 시장에서 외면당하고 있는 중이며 몰락의 길을 가고 있는 중이다.

자기 가치에 대한 이해는 주관적일 수밖에 없지만 그에 대한 평가는 객관적일 수밖에 없다. 따라서 주관적으로 기독교의 가치는 절대적이지만 시장에서 평가하는 가치는 상대적일 수밖에 없다. 한국교회는 그동안 칭의를 구원의 전제로 제시하여 왔다. 그래서 제도화된 시스템에 발을 담그고 그 교리와 교회의 규범에 열심히 따르기만 하면 구원받는다고 설파했다. 제도와 규범이라는 단단한 껍질에 갇혀 참된 성화의 길로 나오지 못하게 된 것이다. 그러므로 우리가 주장하고 있는 칭의는 성화 없는 칭의다. 칭의는 하나님과의 인격적인 만남과 교제 속에서 성화되는 과정이 있어야 한다. 그럼에도 불구하고 우리는 성화되지 못하고 의롭다 함을 받았다고 자만해 왔다.

삼성 갤럭시폰이 자만하고 있는 근거는 물량적인 시장 지배다. 지금 휴대폰 생산과 판매 지형이 바뀌고 있는 것을 그들은 알고 있을 것이다. 하지만, 삼성은 최고 경영자의 판단과 결정이 지배하는 기업이다. 한국 개신교회도 시장의 변화를 감지하고 있지만 그에 따라 자기를 갱신하여 성화에 이르려 하지는 않는다. 이미 우리는 모두 의롭다 함을 받았다는 때문이다.

회개는 인간의 조건이다

작은아버지가 암수술을 했다는 소식을 듣고 병원에 찾아갔다. 이미 1차 수술을 마친 직후였다. 산소호흡기를 끼고 숨을 헐떡이는 모습이 물 밖으로 나온 물고기가 마지막 숨을 몰아쉬는 것 같았다. 환자복 소매 밖으로 투박하고 거친 손이 바늘에 꽂힌 채 맥을 잃고 있었다. 잠든 그의 모습은 힘없고 가련한 한 마리의 어린 비둘기 같았다.

나는 작은아버지의 손을 잡았다. 그의 손은 거칠고 투박했다. 그의 손에서 노동의 피로와 일생의 고단함이 격하게 파동 쳐 왔다. 그런데 그 파동 뒤에 또 다른 파동이 나에게 너울져왔다. 그는 베트남전쟁에 참여했다. 우리는 이들을 '월남참전용사' 라고 부른다. 작은아버지도 그 이름에 대해 크게 좋아하진 않았지만 싫어하는 내색도 없었다. '용사' 라는 말에는 그의 폭력적 행위를 정당화시켜주는 어떤 이데올로기가 작동한다. 그 이데올로기에 취할 때 사람들은 윤리의식과 도덕성을 과감하게 버릴 수 있다.

나는 울컥 눈물이 솟구쳤다. 가슴 밑바닥으로부터 아픔이 솟구쳐 뼈 마디마디에 전류처럼 흘러 온몸을 저리게 했다. 작은아버지에 대한 혈육의 정이나 연민 때문이 아니었다. 그의 손에서 죽어갔을 수많은 베트남 사람들이 몰려왔기 때문이다. 피흘리며 절규하는 사람들의 모습이 희미한 생명의 불꽃을 태우고 있는 그의 모습과 오버랩 되었기 때문이다. 어떻게 이 연약한 생명이 다른 생명을 죄책감 없이 살해할 수 있었을까. 그 힘은 어디에서 왔을까.

그런데 내가 마음이 저리고 아픈 진짜 이유는 좀 더 근원적인 데서 왔다. 내 아픔의 뿌리는 작은아버지의 아픔도, 베트남 민중의 비극적 운명도 아니었다. 그것은 인간이 인간에게 악행을 저지를 수밖에 없는, 인간 존재의 죄악성에 대한 서글픔 때문이다.

나는 가끔 나와 다른 정치적 견해를 가진 사람이나 신학적 견해가 다른 사람에 대해 비판적인 논리를 펼 때가 있다. '나는 옳고 너는 틀리다' 는 생각의 기저에 전쟁을 유희로 하는 인간의 타락한 심성이 있다. 내가 가진 논리는 누군가에게 상처를 주어도 될 만큼 정당한가. 내 생각은 항상 옳은가. 더 나아가 내가 속한 집단의 논리나 이데올로기가 누군가를 살해해도 될 만큼 정당하고 옳은가. 무엇이 최선인가. 그 최선을 위해 내가 가진 신념을 포기할 수 있는가. 인간은 불완전한 존재다. 그래서 모든 행사가 다 하나님 앞에 죄뿐이다. 아무리 정의로운 놀이나 행위라 하더라도 그것의 결과가 항상 선하지 못한 이유가 여기에 있다.

나는 작은아버지의 손을 잡고 기도했다. 그의 회복을 위해서가 아니라 그가 전쟁 중에 저질렀을 악행과 끔찍한 살육을 정의의 이름으로 부추기는 인간이라는 추악한 존재에 대해 뼈아픈 회개의 기도를 드렸다.

회개는 나인간의 연약성과 한계를 하나님 앞에 고백하는 행위다. 회개는 지은 죄에 대한 성찰이면서 죄를 지을 수밖에 없는 인간의 죄악성을 하나님 앞에 비추어 보는 행위다. 그러므로 회개는 하나님 앞에 자신을 갱신하는 행위이며 동시에 자신을 통해 우리 모두를 갱신시키려는 몸부림이다. 나는 얼마나 미약한 존재이며, 얼마나 악해질 수 있는 존재인가를 인식하는 행위다. 회개는 인간을 인간답게 만드는 고결한 행위다. 그러므로 회개는 가장 중요한 인간의 조건이다.

우리는 모두 살인자이며 잠재적 학살자다. 회개는 우리가 일상적으로 저지르는 살인과 학살을 포기하는 행위다. 그리하여 회개가 편만한 곳, 회개가 일상화된 사회는 과도한 경쟁도 전쟁을 암시하는 그 어떤 폭력적 선동도 나타날 수 없다. 누군가를 향한 혐오감이나 증오감도 발 디딜 수 없다. 하나님의 사람과 그들의 공동체가 존재하는 그곳에서는 말이다.

사택 옥상에 교육관을 지으면서 작은 방을 더불어 만들었다. 주일학교 아이들이 왁자지껄 놀기도 하고 밥도 먹던 내 방을 옮겨야 했다. 이곳으로 이사 오면서 이미 반 이상의 책을 고향의 어머니 집에 유배시켜 놓았다. 그리고 버리고 온 책들도 있고…….

20년 넘게 끌고 다니던 낡은 책장들은 노후되어 비틀거리고 곰팡이가 심하게 피어 책까지 잡아먹는 바람에 폐기했다. 책장에게 잡아먹힌 책들도 과감하게 버렸다. 또 관심에서 멀어진 장르의 책들도 용감하게 버렸다. 다이어트를 하고 나니 짐이 홀쭉해졌는데도 여전히 마음은 무겁다.

한때는 그랬다. 비좁은 방에 장황하게 책을 늘어놓고 누군가 그것으로 나의 지성을 평가해 주기를 은근히 기대하기도 했다. 이게 저급한 지식인의 위선이라는 걸 알면서도 그 위선에서 벗어나지 못했다.

얼마 되지도 않는 책들을 옮기다 보니 이제 화가 난다. 이놈의 책보따리를 이사할 때마다 끌고 다니는 게 보통 일이 아니다. 이삿짐센터 사람들의 불평을 들어야 하는 것도 괴로운 일이다. 신주단지마냥 이리저리 구접스레 싸들고 다니는 이것들에 대해 이제 염증이 난다.

도대체 이 구접스런 보따리들로 나는 그동안 무엇을 했던가, 퀴퀴한 곰팡이 냄새를 풍기는 이것들로 나는 앞으로 무슨 일을 할 수 있는가.

내가 차라리 목공이나 보일러공이 됐더라면 몇 개의 연장만으로도 누군가에게 바람을 막아줄 집을 지어주거나 누군가의 등짝을 따숩게 해 줄 수 있었을텐데…….

지식은 위선적인 사람의 허영심을 충족시켜주는 마약 같은 게 아닐까?

교회 권사님이 송이버섯이 많이 나는 곳을 알려주고 "꼭 따라"고 한다. 이곳 사람들은 송이와 능이만을 따서 보름 동안 천만 원 정도는 쉽게 버는 모양이다. 그러니 자기만 알고 있는 곳은 며느리도 알려주지 않는다고 한다. 그런데 나에게 그곳을 알려주신다. 그곳에 가지 않으면 섭섭해할 것 같아 배낭을 메고 산에 올랐다.

권사님이 알려준 곳이 특정한 장소가 아니라 어디어디 봉우리, 어디어디 골짜기 이런 식이다보니 골짜기와 봉우리를 샅샅이 살펴야 한다. 평생 이곳에서 산 사람들은 이곳 산과 골짜기의 지리를 손바닥 들여다보듯 훤히 알 수 있지만 그렇지 못한 사람은 말로만 들어서는 알 수 가 없다. 특히 송이버섯이 바위나 나무처럼 쉽게 눈에 띄는 큰 물건이 아니라 솔잎이 쌓인 곳에 봉긋 올라온 곳을 살펴야 그 존재를 알 수 있는 것들이다.

하나의 목적을 가지고 산에 올랐을 때 온 신경을 거기에 집중시켜야 한다. 그런데 송이는 구경도 못하고, 온몸의 신경이 곤두서서 갈수록 맥이 빠지고 지친다. 여기저기 눈알을 번득이며 지팡이 끝으로 버섯이 있을 법한 곳을 파헤쳐봐야 한다. 송이는 그림자도 보이지 않고 사람만 지쳐간다.

급기야 버섯을 포기하기로 했다. 목적을 버리고 산을 올랐다. 그때 신선한 바람이 불어왔다. 아니, 진작부터 바람이 불고 있었는데 나는 그것을 느끼지 못했던 건지도 모른다. 나를 잡고 있는 단 하나의 생각, 버섯이 내 몸과 생각을 온전하게 지배하고 있었기 때문이다.

능이와 송이로부터 자유로운 순간 내 주변에 있는 많은 것들이 보이기 시작했다. 상수리나무와 굴참나무, 떡갈나무, 도토리나무, 심지어 바위틈과 고사목에 기생하는 이끼류 하나까지 보이기 시작했다. 시선을 멀리 하여 산세와 지형을 볼 수 있게 되었다. 숲과 나무를 보고 돌과 그 돌의 생김새까지 눈여겨 볼 수 있게 되었다.

또 이름도 알 수 없는 수많은 독버섯들, 독버섯이 이렇게 아름다운지 그제야 알았다. '먹을 수 있는' 이라는 인간 중심의 수식어를 버리면 세상에 아름다운 버섯은 많다. 돈 되는 버섯, 먹을 수 있는 버섯, 이 이기적인 목적을 버리면 독버섯마저도 얼마나 아름다운가.

상수리나무와 바람과 버섯들에게 말을 걸며 느긋하게 산길을 간다. '무엇' 을 위해서도 아니고 '어떤 것' 을 위해서도 아닌, 발걸음은 가볍다. 이제야 심신이 편안하다. 산정에 오르거나 어느 특정 지점을 도달하고야 말겠다는 생각, 송이를 따고야 말겠다는 욕망을 벗어 놓으니 산중에 있는 모든 것이 사랑스럽다.

하나님을 향한 우리의 마음도 이래야 한다. 하나님을 내 목적을 달성하기 위한 수단으로 여기는 신앙이 얼마나 많은가. 그것은 신앙이 아니라 하나님을 기망하는 것이다. 내가 당신에게 이만큼 하였으니 당신은 나에게 이만큼 주어야 한다는 거래관념으로 하나님을 바라보는 것이다. 수능 시즌이 되면 수험생들을 위한 전교인 특별기도회를 하는 교회들이 심심찮게 나타난다. '수능대박기원특별기도회'라는 타이틀 아래 하나님을 불러오려는 이런 짓이 무당의 굿판과 무엇이 다른가.

하나님을 내 목적에 길들이게 되면 급기야 내가 하나님이 되게 된다. 하나님을 나의 목적에 종속시키지 않고 내가 하나님의 목적에 종속될 때 나와 세상을 제대로 볼 수 있다. 나의 이기심을 내려놓을 때 하나님과 인격적인 소통이 가능하다.

눈보라 속 빨간 저비 아저씨

엊그제 내린 눈은 50센티 정도였다. 오늘 지금까지 내린 눈은 7-8센티미터 쯤 된다. 아직도 눈이 그치지 않고 내린다. 하루 종일 눈을 몇 번이나 쓸었는지 모른다. 눈이 그치기를 기다렸다 쓸게 되면 양이 많아져 몇 배로 고생해야 한다. 우리 교회는 산 밑에 있어서 겨울에는 햇볕 한 줌 들지 않는다. 쌓이는 눈을 방치했다간 겨울이 다 가기까지 우리 교인들은 빙판 위를 위험하게 걸어야 한다.

벌써 허리가 아프고 손목이 시리다. 그것보다 더 이상 눈을 치울 여백의 공간이 없다는 게 문제다. 마당 주변으로 산더미처럼 쌓인 눈이 녹지 않아 더 이상 눈을 버릴 공간이 없다.

그런데 이 폭설을 뚫고 우체부가 왔다. 우편물은 시덥잖은 종교신문 나부랭이나 공과금 고지서들이다. 사랑하는 연인에게서 오는 꼼꼼한 손글씨 연애편지도 아니다. 안 받아도 그만인 것들이다. 그런데도 이 후미진 산골 오지에 빙판길과 눈보라를 뚫고 우편배달부가 왔다. 나는 우편물을 받아들면서 갑자기 서러워졌다. 도대체 무엇이 이들에게 이 혹독한 폭설과 빙판길을 쉬지 않고 달리게 하는가. 이런 날은 좀 쉬면 안 되나? 폭설 때문에 학교도 휴교령을 내렸는데. 그런데 우체부는 무슨 터미네이터라도 되는 양 해발 500미터에 있는 산골마을을 꼬물꼬물 기어 온다.

이들에게 부여된 업무에서 나는 차가운 근대성과 신자유주의의 망령을 본다. 기계적 정확성과 인과적 계율을 본다. 해고되지 않기 위해 야수처럼 몸부림쳐야 하는 신자유주의적 생존규범을 본다. 그것이 이 어둡고 음침한 폭설 가운데 우편배달부를 야수처럼 달리게 한 것이다.

어떠한 환경에도 굴하지 않고 배달해야만 하는 그 무엇이 세상에 존재하는가? 신탁을 전하는 예언자처럼 비장한 각오로 죽음 앞에 설 정도로 정확하게, 반드시 전해야 하는 그것은 무엇인가. 그런 것은 없다. 다만 그렇게 하도록 명령하는 시스템이 있을 뿐이다.

그 시스템에 구속되어 한 마리 짐승처럼 조련되고 길들여진 인간의 모습을 보니 나는 슬퍼졌다. 차 한 잔 마시고 잠시 쉬어가라고 요청하는 나보다 그가 배달해야만 하는 사소한 것들의 강제력은 더 강력했다.

그리스 인들은 아가멤논과 일렉트라, 외디푸스 들의 이야기를 통해 인간의 비극적 운명과 한계를 꿰뚫어 보았다. 인간에게는 할 수 없는 일이 있고 안 되는 일이 있다. 그것을 인정하는 것이 가장 인간적인 모습이다. 그래, 그것이 인간이다. 하지만, 할 수 없다고 말할 때 시스템은 그를 이단자로 분류하여 폐기해고해 버린다. 인간은 자기 연약성을 이해할 줄 아는 존재다. 그러나 인간 위에 군림하는 시스템은 그것을 인정하지 않는다. 인간의 연약성과 한계 안에서 철학이 춤을 추고 종교가 구원을 선포한다. 하지만, 할 수 없는 일을 할 수 없다고 말하는 것은 더 이상 인간적인 일이 아니다. 루저가 되는 일이다.

한치 앞도 안 보이는 눈보라 속을 붕붕거리며 가는 저 빨간 제비 아저씨의 뒷모습이 슬프다. 그의 등 뒤에 내리는 굵은 눈송이가 한없이 슬프다. 그가 무사히 집에 당도하기를 기도한다. 그가 이 눈보라 속 같은 세상을 무사히 나기를 간절히 기도한다.

시지프스가 된 아들

　　대입 전형을 모두 마친, 고3인 둘째 아들은 금요일 저녁마다 알바를 간다. 집에서 버스 타고 40분 나가 다시 기차 타고 40분, 또다시 시내버스 타고 20여분을 가서 밤새워 택배 상하차 노동을 하고 아침에 역순으로 집에 온다.

　　가난한 시골교회 목사의 아들로 분수에 맞는 삶을 살려는 녀석이 기특하기도 하고 맘이 아리기도 하다. 10시간 동안의 밤샘노동은 허리 한 번 곧게 펼 수 없는 중노동이다. 하지만, 그보다 더한 것은 하급 관리자의 무지막지한 욕설 앞에 무너지는 자존감이다. 이 노동을 해 보지 않은 사람은 모른다. 야간 택배노동은 인간의 밑바닥을 볼 수 있는 몇 안 되는 일 중 하나다. 나는 아들이 세상의 밑바닥을 일찍부터 경험하며 성숙해지길 바라는 마음으로 배웅한다.

　　하지만, 나는 마음이 아리고 괴로워 잠못들고 예배당에 나와 아들을 위해 밤새 기도한다. 아들과 함께 밤샘노동에 지쳐있을 이 땅의 많은 젊은이들이 오버랩된다. 노동의 강도나 피로도보다 젊은이들을 더 고통스럽게 하는 것은 희망이 없다는 것이다. 희망 없는 노동에 하루하루 연명해야만 하는 이 악한 사회구조 앞에 눈물이 난다.

시치프스에게 내려진 형벌은 자기보다 큰 바위를 산꼭대기에 밀어 올리는 것이다. 하지만, 산꼭대기에 다다르려는 순간 바위는 굴러떨어지고 시치프스는 터덜터덜 내려와 바위를 다시 밀고 올라가야 한다. 이 무의미한 반복이 영원히 지속된다. 희망 없는 노동이야말로 시치프스에게 내려진 형벌처럼 가장 두려운 것이다.

까뮈는 시치프스를 부조리에 맞서는 인간 정신의 표상으로 보았다. 하지만, 우리 시대의 젊은이는 부조리의 한 부분이 되고 말았다. 아들과 그의 친구들, 그리고 이 땅의 젊은이들이 오버랩되며 가슴을 후벼파는 것은 이 때문이다.

하나님은 우리에게 시치프스의 형벌을 내리지 않으셨다. 십자가는 모든 악의 순환고리를 끊어버리는 가장 날카로운 칼날이다. 그런데 밤하늘에 십자가 네온들이 이렇게 많이 빛나는데도 이 악의 고리는 왜 더 견고해져만 가는가.

할머니학교

시골목사로 살면서 간혹 젊은 엄마들과 대화할
때 교육문제에 대해 불편한 인식을 만나게 된다.
이럴 때 서로 인식하는 방식이 다르다 하여 그것을
내색하지는 않지만 내 마음이 많이 무거워진다. 대부분의 시골 정서
는 도시의 경쟁 구도를 최상의 교육 여건이라고 본다. 그래서 공부를
위해 아이들을 다그치거나 큰 도시로 보내서 경쟁력을 키우겠다고 벼
르곤 한다. 하지만, 이들은 세계에 대한 인식이 매우 제한적이다.

이들은 실패한 도시생활자로 시골에 유배됐다거나 시골에 살고
있다는 자괴감으로 콤플렉스를 안고 산다. 그래서 무조건 대도시로
아이들을 보내면 뭔가 이루어질 것처럼 생각하고 또 그렇게 실행하여
이른 시기에 실패를 맛보기도 한다.

나는 아이들이 행복하기를 원한다. 아이들은 자기 나이에 맞볼 수
있는 행복이 따로 있다. 성장 과정에서 또래아이들과 경험할 수 있는

것들과 감수성, 그리고 그것을 통해 얻을 수 있는 지혜가 있다. 이런 과정을 통해 아이들은 성장하는 게 아니라 성숙해진다. 성장은 생물학적인 개념이지만 성숙은 내적인 개념이다. 사람은 생물학적인 성장과 함께 내적인 성숙이 병행되지 않으면 안 되는 존재다.

그런데 현대사회, 특히 자본을 축으로 하는 기계문명사회는 성숙보다 성장을 최고의 덕목으로 여긴다. 근대적 교육 시스템도 이러한 산업사회의 패러다임 아래 있다. 아이들의 성숙을 돕기보다 산업사회가 필요로 하는 기능적 인간으로 길들이기 위해 단편적인 지식을 일률적으로 주입하여 그것으로 평가한다. 이러한 획일적 평가는 최소의 시설과 인력으로 많은 학생을 가르칠 수 있다는 효율성의 법칙에 따른 것이다. 최소 비용으로 최대의 이익을 창출해야 한다는 자본주의 산업사회의 이데올로기가 사람의 영혼까지 지배하고 있는 것이다.

학교는 자본의 이데올로기에 의해 각자의 타고난 자질과 개성을 무시하고 일괄적으로 주입된 지식을 기준으로 사람됨의 질을 평가한다. 사지선다형, 혹은 오지선다형 문제로 성적을 매겨 마치 상품의 질을 평가하듯이 사람을 그렇게 나누어 버린다. 어쩌면 근대식 학교교육이 사람을 인격적으로 살해하는 기관이 되지 않았나 하는 생각이 든다. 학교가 좀 더 인격적으로 변하려면 이 사회를 지배하는 자본의 영향력으로부터 자유로워야 한다. 돈이 많이 들어가는 시스템, 비효율적인 교육방식에 대해 경제논리로 평가하지 말아야 한다.

나는 어떤 면에서 최고의 학교를 다닌 셈이다. 육남매를 낳고 스물여덟에 혼자 되신 할머니는 첫 손주인 나를 끔찍이 아끼고 사랑해

주셨다. 덕분에 할머니 혼자 사는 집안에 밤마다 동네 할머니들이 모여들어 이야기꽃을 피우는 속에서 나의 유년기는 풍요를 누릴 수 있었다. 할머니들의 이야기는 농경문화의 저류였고 때묻지 않은 공동체 정신의 원류였다. 근대식 교육을 받아본 적이 없는 노인들의 설화적 세계관과 구술口述 방식은 내 사유와 인식의 지평을 넓혀주었다.

우리 할머니에 대한 마을 사람들의 인식은 특별했던 것 같다. 젊은 나이에 청상靑裳이 되었지만 가난한 살림에도 정조를 버리지 않고 어린 자식들을 굳건하게 잘 키운 여자, 총기가 있고 삶과 말에 조리가 있는 여자, 매사 사리에 밝고 논리적인 언사를 하는 여자라는 인식이 있었던 것 같다.

그래서 마을에 싸움이 나거나 어느 집안에 문제가 생기면 우리 할머니를 불러 도덕적 강론을 청했다. 향교가 있는 마을이라 유교적 인식과 질서가 강한 동네였음에도 남자 노인보다 우리 할머니가 늘 불려가 그 일을 하는 것을 지켜보며 자랐다. 형제 간의 다툼으로 틀어진 집에 가서 할머니는 '형님 먼저, 아우 먼저' 하는 옛날이야기로 사람들을 감동시켰다. 추수한 볏단을 밤에 몰래 서로에게 가져다준다는, 반복되는 그 빤한 스토리를 할머니는 사람과 형편에 맞게 요리하곤 했다.

그런데 희한하게도 똑같은 스토리인데 매번 그 이야기를 듣는 감흥은 달랐다. 할머니는 말을 많이 하지 않았지만 같은 이야기를 비언어적인 방법들, 일테면 표정이나 어조, 제스처gesture를 달리하여 이야기를 듣는 사람들의 심리상태나 환경에 따라 바꾸었던 것이다. 그리고 이야기가 끝나는 마지막 대목에 가서는 막걸리를 받아오게 하여

다툰 두 사람에게 서로의 잔을 채워주며 당신이 보는 앞에서 사과하도록 유도했다. 그 당시만 해도 어른 앞에서는 예의를 지키는 것이 법도였고 마음에 없다 하더라도 어른의 요청을 따르는 것이 사람됨의 이치라고 생각하던 시대였다.

나는 할머니의 품에서 그러한 사람살이의 과정들을 지켜보며 성숙해져갔다. 겨울밤마다 깨알같이 쏟아지는 할머니들의 입담 속에서 슬픔과 기쁨, 고통과 즐거움, 사랑과 미움, 초월과 내재 같은 인간의 실존적 문제를 물컹물컹 만지며 자랐다. 학교라고 부르는, 효율성의 노예로 길들여지는 공장에서 자란 20여 년의 삶보다 할머니와 함께 지냈던 유년기의 그 짧은 시간들이 나를 인간으로서 풍성한 삶을 누리도록 해 주었다.

할머니들은 늙어서 허리가 굽고, 얼굴이 쭈글쭈글 하고 배운 게 없어 아무것도 못하는 폐물이 아니라 인간을 인간답게 하는 가장 고귀한 사람, 최상의 인간이다. 여름방학이나 겨울방학에 아이들을 시골 할머니 집에 보내서 함께 시간을 보내게 하는 것이야말로 최상의 교육이 아닐까 한다. 우리동네 할머니들에게 방학동안 아이들을 위탁하여 함께 밥 먹고, 손 붙잡고 길을 가며 얘기하게 한다면 그것이야말로 할머니학교가 아닐까 한다. 할머니에게서 따뜻한 인간을 느끼게 할 수 있다면 그것은 책으로 배울 수 없는 최고의 교육일 것이다.

아이들을 도시로 보내거나 아이들에게 획일화된 기준을 강요해서 행복할 기회를 박탈할 권리가 부모에게는 없다. 그렇게 생각하는 건 자식 이전에 인간에 대한 예의를 모르는 것이다.

쓸쓸함, 유한성에 대한 직관

"개울물은 날로 여물어갔다."

황순원의 소설 『소나기』 종결부에 나오는

대목이다. 이 문장은 가을로 접어든 개울물을 열매 등속이 "여물다"

라는 동사를 사용함으로써 물빛의 시각적 심상을 동적인 감각으로 확

장시킨다. 소설의 시간은 소나기 내리는 한여름에서 가을로 흐른다.

그 시간은 여름의 풍성한 생명력에서 가을의 쇠락으로 개울물을 따라

흐른다.

이는 주인공 소년이 윤초시네 증손녀와의 짧은 사랑과 그녀의 죽

음을 통해 종말을 맞게 되는 시간의 흐름에 대한 은유다. 그런데 이

시간은 주인공 소년에게 삶과 죽음의 경험을 통해 생의 유한성과 존

재 의미를 성찰하게 한다. 죽음을 통해 삶과 존재를 성찰할 때 인간은

성숙하게 되는 것이다. 그런 의미에서 황순원은 주인공 소년의 성숙

해져가는 내면을 개울물에 빗대어 "개울물은 날로 여물어갔다"고 표현한 것이다.

그런데 가을엔 물빛만 여물어가는 게 아닌가보다. 가을빛 또한 사람의 마음을 누그러뜨리는 힘이 있다. 1990년대 초반에 방미라는 가수는 가을의 서정을 이렇게 노래했다.

"묻지 말아요 내 나이는 묻지 말아요. 올 가을엔 사랑할 거야. 나 홀로 가는 길은 너무 쓸쓸해 너무 쓸쓸해. 창밖엔 눈물짓는 나를 닮은 단풍잎 하나. 아, 가을은 소리 없이 본체만체 흘러만 가는데……."

화자가 솔로이기 때문에 외로움을 느끼고, 그래서 올 가을엔 사랑을 하고야 말겠다는 다짐을 하는 것처럼 보이지만 사실은 외로움의 출처는 화자의 내면이 아니라 가을이라는 외부의 계절적 상황이다. 내가 외로운 게 아니라 가을이 나를 외롭게 하는 것이다. 그런데 가을이 나를 외롭게 하는 이유는 가을이 소리 없이 흘러만 가기 때문이다. 가을은 시간에 대한 민감성과 존재에 대한 연민 때문에 쓸쓸함을 느끼게 되는 것이다.

어느 가을날 나는 버스도 타지 않고 물한계곡 초입부터 느린 걸음으로 거의 삼십 리 길을 걸어서 간다. 길이 나를 데리고 가을의 한가운데로 들어간다. 길은 물소리를 만나고 바람을 어루만진다. 햇빛은 온순해졌고 나뭇잎들은 빠르게 물들어가고 있다. 물빛 또한 여물어가고 있다. 가을이 나를 쓸쓸함으로 물들이고 있다. "쓸쓸하다, 세상 모든 게 다 쓸쓸하다"고 가을이 내게 말한다.

그런데 생각해보면 이 쓸쓸함은 내 생애가 유한하기 때문이다. 가을이 왔기 때문에 쓸쓸한 게 아니라 유한자에게 내재된 이 쓸쓸한 느낌 때문에 가을이 온 건 아닌가. 그렇게 생각하면 가을은 유한자의 계절이다. 아니, 유한자의 유전자가 왕성하게 활동하는 계절이다.

그렇다. 나는 유한하기 때문에 영원의 시간을 동경한다. 이 땅에 허락된 내 생애가 절박하기 때문에 영원한 시간을 그리워한다. 나는 실수하고 실패하기 때문에 인간이며 인간의 한계 내에서 절대자를 바라본다. 내가 아는 모든 지식과 경험들을 다 합한다 해도 이 쓸쓸함을 통해 느끼는 유한자의 직관만 못하리라. 쓸쓸함은 유한성에 대한 직관이다.

눈물 젖은 빵을 먹어보지 않은 사람과 인생을 논하지 말라는 진부한 유행어가 있다. 마찬가지다. 쓸쓸해보지 않은 사람과 삶과 존재를 논할 수 없다. 가을에 쓸쓸하지 않은 사람, 쓸쓸해질 시간이 없는 사람과 하나님과 우주를 이야기할 수 없다.

그런데 현대사회는 사람들에게 쓸쓸함이 아니라 우울함을 선물하였다. 우울함은 존재의 파멸을 향해 가는 감정이고 쓸쓸함은 영원을 향한 직관이다. 하나님은 우리에게 가을을 선물했지만 현대사회는 스물네 시간 밝은 전등불빛과 자로 잰 듯 엄격한 시간을 강매했다. 나는 나의 가장 소중한 친구에게 가을이 아닌, 가을의 쓸쓸함을 선물하고 싶다.

천 개의 교회

사람들의 교회의 형태에 대한 생각은 아주 단순하다. 도시교회와 시골교회, 자립교회와 미자립교회 등과 같이 교회의 범주를 단순화시켜 바라보고 있는 것이다. 이것은 세계의 모든 사물을 구조적으로 분석하고 범주를 나누는 근대적인 패러다임 때문이다. 각각의 사물과 생명이 위치한 영역을 고유하게 바라보던 때가 있었나 싶을 정도로 우리의 인식은 기계적으로 병들어 있다. 교회에 대한 인식과 범주는 바로 이런 데서 오는 것이다.

어떤 교회든지 그 교회가 위치한 지역적, 경제적, 문화적 상황은 각기 다르다. 내가 목회하고 있는 이곳은 시골이고 우리교회에서 가장 가까운 교회는 8킬로미터 정도 떨어져 있다. 별다를 게 없는 시골인 것 같지만, 우리 마을과 그곳의 정황을 보면 다른 면이 많다. 전체 인구수나 인구 구성 비율, 그리고 경작 면적과 일조량 등이 다르고 경제적 수준에서도 약간의 차이가 있다. 대중교통의 접근성도 두 마을이 확연히 다르다. 인터넷의 보급 정도도 다르다. 이러한 사소한 차이들이 사람들의 생각과 행동 패턴에 적지 않은 영향을 미친다.

그러므로 농촌에 교회가 위치해 있다 해서 모든 교회가 위치한 정황을 동일하게 인식해서는 아니다. 농촌교회, 시골교회라는 범주 안에 모든 교회를 뭉뚱그려 집어넣고 개성을 말살해서는 안 된다. 도시교회 역시 마찬가지다. 강남의 교회와 강북의 교회를 도시교회라는 하나의 범주 안에 뭉뚱그려 넣고 도시교회라고 단정해서는 안 된다. 두 지역이 가지고 있는 각자의 특성들이 다르기 때문이다.

통계청 자료에 의하면 우리나라에는 모두 5만 3천 개의 교회가 있다고 한다. 5만 3천이라는 숫자를 완전수의 개념으로 상징화하여 1,000이라고 가정하자. 우리나라에는 도시교회와 농촌교회로 분류된 두 개 형태의 교회가 있는 게 아니라 사실은 1,000개의 각기 다른 정황 속에 각각의 특수성을 가진 1,000개의 고유한 교회가 있다.

도시와 시골이라는 이분법적인 도식은 권력을 장악한 세력이 자신들이 처한 위치를 중앙으로 설정하고 그 중앙에서 멀리 있는 지리적, 정치적, 문화적 특성을 변방으로 규정한 결과다. 시골교회라는 말에는 변방의 주목받지 못한, 소외된 교회라는 이데올로기적인 의미가 함의되어 있다. 중심의 시각으로 외부를 바라보며 자기 바깥에 있는 것들을 타자화시키는 것이다. 이런 인식에는 성공과 실패라는 세속적 이데올로기가 작동한다. 대형교회 목사는 성공한 사람이고 시골교회 목사는 실패한 사람이라는 숨은 의미가 은연 중에 꿈틀거린다.

이러한 인식은 교회성장 이데올로기를 파생시켰다. 이에 따라 일부 대형교회들은 마치 공장에서 동일한 상품을 대량으로 생산하듯이 몇 개의 성공 모델을 작은 교회들에 강요하고 있다. 그래서 일부 대형교회에서는 자신들의 성장모델을 다른 교회에 이식하면 성공할 수 있다고 보는 경향이 있다. 이런 교회들은 가끔 승합차, 노트북, 테블릿 피시 등과 같은 경품을 내걸고 작은 교회 목회자들을 불러모아 교회성장 프로그램을 강의하기도 한다. 작은 교회를 위한 서비스 같지만, 사실 그 속내에는 이미 성장한 교회가 갖는 성공주의 신화와 큰 교회로써 작은 교회를 위해 시혜를 베풀고 있다는 도덕적 우월감이 자리하고 있다.

교인이 적거나 가난하거나 한 것은 부정적인 현상이 아니라 그 교회가 가진 고유한 특성에 불과하다. 교회는 자기만의 고유한 특성 가운데서 세계를 인식하고 교회의 나아갈 길을 모색해야 한다. 교회는 성경과 복음 안에서 보편성을 갖지만, 그 가치를 실현하는 방법에 있어서는 교회가 속한 지역의 정황 가운데서 특수성도 갖는다. 전도를 위해 조잡한 생활용품에 교회 이름과 성경 구절 몇 마디를 인쇄하여 돌리는 행위가 복음 전파라는 미명으로 도시나 농촌에서 동일하게 행해지는 것은 자기 교회의 특수성을 인식하지 못하기 때문이다. 이러한 전도 행위는 복음이라는 이름의 상품을 파는 상행위로 비쳐질 수 있다. 자본주의가 발달한 사회에서 그러한 전도행위는 상행위로 의심을 사기에 충분하다.

따라서 1,000개의 교회는 각기 자기의 지역적 정황을 이해하고 거기에 맞는 교회를 세워나가야 한다. 교회가 가진 교리와 신학의 보편성과 함께 개교회가 위치한 정황의 특수성은 어느 교회나 있기 마련이기 때문이다. 그것을 존중할 때 교회는 몇 개의 형태로 범주를 나눌 수 없게 된다. 그러므로 시골교회는 없다. 도시교회 역시 없다. 1,000개의 교회가 있을 뿐이다.

영성, 싸구려 유행상품

가독교계에 어느 순간부터 '영성'이라는 말이 보편화되었다. 산업화와 기계문명, 그리고 신자유주의에 대한 피로감이 불러온 종교적 성찰이 '영성'이라는 종교 상품을 만들어낸 것이다.

하지만, 영성이 공동체성과 하나님의 정의를 버리고 골방에 틀어박혀 일기를 쓰는 개인적 행위에 국한된다면 이것은 기독교 전통에서 벗어난 것이다. 성경을 한 번만이라도 제대로 읽어본 사람이라면 하나님의 정의와 복음의 메시지가 골방에 틀어박힌 개인에게 주어지는 것이 아니라는 것을 어렵잖게 알 수 있다. 성경의 메시지는 개인이 아니라 항상 공동체를 향해 열려있다. 그것을 모른다면 그는 성경에서 메시지를 보지 않고 문자만 본 것이다. 성경은 문자가 아니라 메시지다.

한 대형교회 목사의 '영성일기 쓰기' 운동이 큰 반향을 불러온 것으로 보인다. 이에 대한 반응이 이분법적으로 나뉘면서 영성에 대한 회의적인 시선과 비판도 나오고 있다.

정치적인 혼탁과 사회적 무질서로 몸살을 앓고 있는 시국에도 오로지 예수님만 바라보자고 말한다면 그들이 바라보는 예수님의 정체는 무엇인가. 예수님이 어떻게 행동했고 무엇과 싸웠으며 어떻게 죽었는가에 대한 사회 정치적인 맥락을 외면하면 성경은 개인의 이기심만 채워주는 무당의 주술로 전락하게 된다. 이런 주술에 감염된 사람일수록 성경의 메시지가 지시하는 공동체와 사회적 거대담론을 외면하고 신앙을 개인적인 영역에 한정시키려 한다. 나아가 자기와 다른 신앙의 스펙트럼을 가진 사람에 대해 분리주의적인 태도를 취한다.

또 이런 사람은 자기가 믿는 교리나 교단, 또는 담임목사 이외의 세계에 대해서도 분리주의적인 태도를 보인다. 마치 박근혜와 최순실의 관계처럼 자기 안에 있는 주술로써의 예수상만을 신봉함으로써 폐쇄적이고 자기 파괴적인 성향을 갖게 된다.

마치 제자교회라는 간판을 걸고 제자훈련을 열심히 시키지만 제자도를 지키고 따르게 하는 게 목적이 아니라 그것을 상품으로 하여 교회의 외형을 확장시키려는 데 목적이 있는 것과 같다.

나는 지난 2009년에 『한국 교회의 일곱 가지 죄악』이라는 책에서 한국의 기독교문화에 부는 영성을 '싸구려 유행 상품'이라고 규정한 바 있다. 신앙은 어떤 유행을 좇거나 누구의 편에 서서 그들이 배출하는 파생상품을 소비하는 게 아니다.

참된 영성은 고통받는 약자와 공감하며 부조리한 권력에 분노할 수 있어야 한다. 예수님은 화를 낼 줄도 모르는 순둥이가 아니었다. 온화하고 인자한 모습의 예수님, 어린 양을 자애롭게 안고 있는 목자처럼 우리를 늘 품어주시기만 하는 예수님, 단 한 번의 저항도 없이 순한 양처럼 십자가에 못 박힐 때까지 순종하신 예수님, 이런 예수상을 만든 사람은 누구인가.

하나님 앞에 드려야 할 존재론적 순종의 미덕을 세상의 모든 권력자에 대한 순종으로 각색한 게 누구인가. 부조리에 분노하고 저항해야 할 하나님의 정의가 특정 정치세력이 만들어놓은 적대세력에 대한 증오와 분노로 각색한 게 누구인가. 정의라는 말과 사랑이라는 말을 서로 다른 개념으로 분리시킨 게 누구인가. 분별력 없이 현실에 순응하며 자기 내면으로 침잠하여 고백하고 기도하는 것만을 영성이라고 가르친 게 누구인가. 기독교인들을 겸손과 순종이라는 종교적 언어 안에 가두고 여성화시킨 게 누구인가.

영성은 일상에서 소통하는 하나님과의 관계다. 일상은 나만의 은밀한 공간이 아니라 밥 먹고 똥 싸고 슬퍼하고 기뻐하는 삶의 시간이며 공간이다. 그 시간과 그 공간에서 하나님을 만나고 소통하는 게 영성이다. 야곱이 형 에서를 피해 외삼촌 라반의 집으로 도망할 때 돌베개를 베고 잠든, 그 외롭고 무섭고 가난했던 시간과 일상의 공간에 하늘 사다리가 열리는 것처럼 우리의 삶의 순간마다 하늘 사다리가 내려질 수 있게 우리의 마음문을 열어 두는 게 영성이다. 돈 때문에 우울하고 직장상사 때문에 괴롭고 자녀 교육 때문에 힘들고, 과도한 업무나 실업 때문에 괴로운 일상의 모든 순간마다 하나님을 끌어들이는 게 영성이다. 우리는 슬퍼서 울기도 하고 나를 괴롭게 하는 직장 상사에게 대들기도 한다. 그리고 정치적 부조리에 대해 분노하기도 한다. 경제를 망친 관료에 대해서 욕을 하기도 한다. 하지만,우리 안에 하나님이 함께함으로써 그 모든 부조리를 하나님의 정의로 대적하며 승리할 수 있다는 확신을 갖는다면, 그것은 하나님과의 일상적 소통의 결과이고 그것은 곧 또 하나의 영성이다.

영성은 특정 교회나 목회자가 만들어낸 프로그램이나 종교적 상품이 아니라 우리의 일상에서 호흡하는 하나님이다.

3부
아이폰은 아이폰이 아니다

사람들은 왜 사진을 찍을까

여행에서 돌아와 사진을 정리할 때 사진은 경험의 확장자가 된다. 내가 놓쳐버린 시간과 공간을 새롭게 발견하게 하기도 하고 스쳐지나간 사물들에 대해 구체적인 정황을 제시하기도 한다. 사진은 기계공학적 메커니즘으로 시간의 물리적 현상을 담지한다. 기계가 세계와 존재를 현상학적으로 증명하는 것이다.

하지만, 기계 장치를 통해 존재를 투사하는 주체는 인간의 눈이다. 시선은 인식기재이며 동시에 존재의 외피다. 차가운 렌즈와 뷰파인터 뒤에 사물을 보는 인간의 눈, 그것에서 주체성이 발아한다. 하지만, 사람의 눈은 차가운 기계에 따뜻한 온기를 불어넣는다.

사진은 몇백 분의 일 초의 시간으로 세계와 사물의 정황을 포착하여 정지시켜 명멸하는 빛과 시간을 영원으로 회귀시킨다.

빛의 속도로 공간과 거리를 측정하는 천체물리학의 시간과 공간

개념으로 볼 때 인생이란 얼마나 짧고 부질없는가. 우주의 상대적 시간 개념으로 보면 삶이란 라이터를 켤 때 튀어오르는 찰나의 불꽃 같은 것에 지나지 않는다. 하지만, 사람의 영혼 속에 영원에 대한 향수가 있다.

영원에 대한 감수성이 발현되고 구체화되는 장소가 바로 예배당이다. 예배는 절대자에 대한 숭배이면서 동시에 물리적 시간과 공간을 초월하여 존재하고자 하는 인간의 영원 회귀 본능의 산물이다. 예배는 영원한 시간에 대한 흠모의식이다. 시간을 인격화하여 우리의 감수성에 내재화시킨 것이 곧 신God이며 그에 대한 인식 과정이 예배의식이다.

종교인이든 아니든 모든 인간은 영원내세에 대한 본능이 있다. 신을 부정하는 사람도 자신의 존재가 무의미하게 끝나는 것에 대해 두려움을 갖는 것은 영원에 대한 본능 때문이다. 영원에 대한 감수성을 잃어버릴 때 인간은 무의미해지게 된다. 무의미는 우울증, 분열증 등과 같은 비정상성을 낳는다.

사람들이 사진을 찍는 이유는 영원을 향한 갈망에서 비롯된다. 그것은 짧고 부질없는 생에 대한 저항이다.

하나님은 꽃으로도 말한다

기독교인이 '말씀'이라고 할 때 거기에는 특수한 관념이 내재되는데, 일차적으로 인간의 소통 수단으로써의 언어기호를 떠올리게 된다. 그리고 두 번째는 문자가 아닌, 음성을 떠올리게 되는데 이는 말하는 이와 듣는 이의 지위를 상정한다. 수평적 의사소통 관계가 아니라 수직관계에서 상위자가 하위자에게 전달하는 소통의 도구라는 의미가 '말씀'에 함의되는 것이다. 하나님이 인간에게 주시는 말씀이라는 데서 그 언어는 신성성과 위엄을 동시에 갖는다. 그래서 기독교인은 성경을 말씀_{하나님의}으로 받든다.

그런데 이 말씀도 문자체계 안에 있는 것이다. 이따금 교조적인 신앙을 가진 사람들은 성경에 의하지 아니하는 그 어떤 것도 다 거짓이라고 주장한다. 성경만이 유일하게 하나님을 계시한다고 주장하는 사람들은 우리나라뿐 아니라 유럽이나 미국에서도 이미 있어왔다. 그런데 문자로 기록된 성경만이 하나님 말씀의 전부라고 받아들이는 태도에 이견을 갖게 할 만한 철학사상이 고대 중국에도 있었다.

주후 3~6세기에 〈역경〉, 〈도덕경〉, 〈장자〉를 이해하고 재해석하려는 이들의 철학사조를 현학玄學이라고 한다. 여기서 현玄은 '어둡다', '깜깜하다'는 뜻이 아니라 무언가 확실히 밝힐 수 없는 비밀스러운 것상태이나 신비적인 대상것을 의미한다. 이들은 언어체계나 이성적 논리로 설명할 수 없는 그 어떤 영역내재적, 초월적의 힘을 현실의 정치체제 안에 구현하려고 시도했다.

그 중 노자의 〈도덕경〉은 다음과 같은 일성으로 포문을 연다. "도가도비상도道可道非常道", 즉 도道라고 말할 수 있는 도道는 참된영원한 도道가 아니라는 것이다. 진리는 인간의 이성적 사고체계와 언어 논리로 규정할 수 없다는 얘기다. 하나님을 동양철학의 관념으로 말하면 '도道'라고 할 수 있는데, 그 도를 인간의 언어로 기록된 성경 66권 안에 구속시킬 수는 없는 노릇이다. 하나님은 끊임없이 생성하고 역동하는, 우주에 내재하는 道진리이기 때문이다. 하나님이 인간 언어의 한계 안에 갇히게 된다면 얼마나 옹졸한 모습일까. 시편 19편 기자는 그래서 하나님 존재의 광대무변함과 그의 역동적 창조행위, 그리고 우주에 대한 통치행위를 이렇게 노래한다.

하늘이 하나님의 영광을 선포하고
궁창이 그 손으로 하신 일을 나타내는도다
날은 날에게 말하고

밤은 밤에게 지식을 전하니

언어가 없고

들리는 소리도 없으나

그 소리가 온 땅에 통하고

그 말씀이 세계 끝까지 이르도다

시19:1~4a

　이 시는 창조된 세계의 자연물들에 인격성을 부여하여 하나님이 세계를 통해 어떻게 말씀하시는지를 충만한 감성으로 노래하고 있다. 이 은유적인 언어들과 교차대구법이 가사문학의 4음보 연속체에 실려 춤추듯이 역동하는 장면은 오역誤譯의 오명汚名을 가진 개역성경이지만 가장 아름다운 시적 정취를 선물하는 부분이다. 하나님이 창조물들 가운데 어떻게 역동하며 자기를 계시하는지 노래하는 것이다.

　얼어붙었던 대지大地가 기지개를 켜고 일어나 화려하고 찬란한 봄꽃들을 피우고 있다. 나는 '꽃이 피었다' 는 이 놀라운 사실에 눈뜬다. 매년 봄마다 반복되는 일이지만 단 한 번도 같은 꽃을 피워본 일이 없다는 사실에도 눈을 뜬다. 지금 내가 보고 있는 이 꽃은 작년에 봤던 그 꽃이 아니다. 내년에 다시 피어날 꽃도 아니다. 이 꽃을 보고 있는 지금의 나도 작년의 나가 아니다. 전 우주의 시간 속에서 단 한 번 피어나는 꽃, 그 꽃과 내가 조우할 확률은 수학적 계산으로 측정할 수 없다. 이 꽃들처럼 모든 순간은 하나님이 나에게 주시는 선물이다. 하나님은 그 선물 꾸러미에 말씀을 새겨주신다.

자연에 인격성을 부여하면 드디어 하나님과 소통의 문이 열린다. 하나님의 말씀이 열리는 문은 문자로 된 성경만이 아니라 우리가 무심하게 지나치는 자연 가운데 있는지도 모른다. 그렇다. 단 한 번도 순리를 어기지 않고 반복하는 이 우주의 질서, 이 자연의 섭리 가운데 꽃을 피우시는 하나님의 손길을 바라보면 에덴동산에서 옷자락을 끌며 산보하시는 하나님의 발걸음 소리도 들을 수 있다. 허리를 굽히고 낮은 자세로 귓가에 속삭이는 그분의 조용한 음성을 들을 수 있다.

꽃피는 봄은 꽃그늘에 나가 그 분의 조용하고 따뜻한 음성을 듣는 계절이다. 성경책을 덮고 지금 꽃그늘에 나가 그 분의 옷자락 끌리는 소리를 들어보라. 자세를 낮추고 우리 귓가에 조용하게 말씀하시는 그 분의 미소를 느껴보시라. 하나님은 성경만으로 말씀하시지 않는다. 꽃으로도 말씀하신다.

사순절 묵상: 염세주의에 빠지다

사순절을 맞아 복음서와 몇 권의 책을 읽었다. 그런데 나는 불경스럽게도 예수의 죽음을 철학으로 접근하는 짓을 하고 말았다. 참으로 불경스러운 짓이다.

예수의 수많은 이적을 바라본 갈릴리의 민중은 그를 정치적 인물로 등극시켜 로마 제국의 지배체제로부터 해방되기를 원했던 것으로 보인다. 예수가 예루살렘 입성 할 때 군중은 종려나무 가지를 꺾어 "호산나"를 연호하며 그를 다윗 가문의 혈통으로 환호한다. '호산나'는 히브리어 '호쉬아 나'의 음역으로 '오 구원하소서' 라는 제의적인 기원문이다. 이것은 로마의 억압적 착취 구조로부터 해방되고 유대인의 정통성을 가진 왕권을 회복하기를 염원하는 민중의 정치 선동이었다.

하지만, 예수는 지상의 인간과 권력에 대해 염세적인 태도를 보였다. 이 부분에서 쇼펜하우어의 철학을 들이대는 불경함이 발생할 수 있고, 나는 충분히 그 불경스러움에 접근하였다. 쇼펜하우어는 생에 대한 맹목적인 의지와 욕망이 지배하는, 부조리한 세계를 파괴하는 방식으로 자살을 말했다. 사람들이 흔히 생각하는 식으로 생물학적 자살을 말한 게 아니다. 그가 말한 자살은 세계를 무의미하고 타락하게 만드는 맹목적 욕망의 세계에 대한 파괴로서의 자살, 즉 은유로써의 자살이었다. 그런 의미에서 쇼펜하우어의 염세주의는 궁극적으로 인간과 세계를 갱생하려는 의지로부터 출발한다.

기독교는 자기를 파괴함으로써 부활하는 역설의 종교다. 이것은 쇼펜하우어의 염세주의가 목적하는 바와 같다. 그에 따르면 자기세계 몸을 찢고 죽었다가 다시 부활하는 예수의 십자가가에 구원이 있는 것이다. 그런 면에서 기독교는 기본적으로 염세주의에서 출발한다.

그런데 요즘 한국 개신교를 보면 긍정의 신화, 축복의 신화가 봇물을 이루고 있다. 인간과 세계를 긍정 만능과 풍요의 제의로 인도하고 있다. 마치 싯딤에서 모압의 바알브올 신전 창녀들과 음행에 빠졌던 이스라엘 남자들 같다. 바알브올의 신전은 다산을 기원하기 위해 창녀들여제사장들과 그룹섹스를 하도록 하였는데, 그것은 다산과 풍요의 기원 제의였다. '긍정'이라는 심리적 위안과 쾌락이 모든 축복의 근원이라고 우리를 현혹한다. 마술적 긍정신학이 우리를 지배하고 있는 것이다.

절망과 고난이 없는 십자가는 한낱 기호에 불과하다. 염세적이지 못한 희망과 부활은 한낱 신념에 불과할 뿐이다. 절망의 바닥에서 십자가를 져보지 못한 사람이 말하는 긍정과 희망은 거짓이다.

프랑스 철학자 알랭 드 보통Alain de Botton은 쇼펜하우어의 염세주의를 '지적인 염세주의'라고 말한다. 이를 살짝 비틀어 나는 이렇게 말하고 싶다. '영적인 염세주의'라고. 인간과 세상이 구원받을 수 없는 상태에 이르렀음을 영적으로 자각하는 것이 영적인 염세주의다. 그곳에서 진정한 십자가를 볼 수 있다. 나는 나의 그리스도인으로서의 삶을 이렇게 정의하고 싶다. '절망과 고통의 바닥에서 태어나서 십자가를 지고 소망의 언덕을 향해 걸어가는 길'이라고.

아주 나쁜 권리

책장을 넘기는데 이름 모를 벌레 한 마리가 방바닥을 기어간다. 나는 반사적으로 두루마리휴지 한 칸을 뜯었다. 녀석을 뭉개서 휴지에 싸서 버릴 심산이었다. 이것은 내 이성의 작동에 의해 이루어진 절차가 아니라 무의식적 반사작용이었다. 프로이트에 의해 제기된 무의식적이란 말은 과거에 축적된 어떤 경험이나 지식들이 생각의 절차를 거치지 않고 행동하게 만드는 힘이다. 나의 반사작용은 벌레를 적대할 만한 존재로 나를 길들여놓은, 인간이라는 집단에서 온 힘이다. 그것은 내 사유나 의지와 무관하게 나를 움직이는 시스템에서 나온다.

나는 의지적으로 반사작용을 멈추었다. 그리고 생각의 지도를 펼쳐놓고 그것을 들여다보기 시작했다. 나는 왜 벌레를 죽여야 하는가? 내가 이 벌레를 죽여도 된다는 당위성은 도대체 어디에서 온 것일까? 내가 거주하는 공간이 절대적으로 내 소유인가? 나 아닌 다른 존재가

이 공간에 거처하면 안 된다는 생각은 어디에서 온 것일까?

나의 거주지에 다른 존재가 서식해서는 안 된다는 직관, 이것은 인간의 역사가 나의 무의식에 새겨놓은 야만과 폭력의 문신이다. 문신을 자랑스럽게 드러내고 다니는 조폭처럼 나의 인간성은 이미 천박하고 야만스러워져 있었다. 내 존재가 절대적이고 당위적이라면 타자의 입장에서도 그것은 절대적이고 당위일 수 있다. 하지만, 인간의 문명은 그 모든 존재의 고유성을 무너뜨리고 말았다.

열심히 길을 가고 있는 저 생명을 죽일 권리가 나에게 당연히 있다고 믿게 하는 것이 인간의 문명이다. 문명은 진화와 진보의 결과가 아니라 인간의 삶에 오류가 축적되어 나타나는 천국의 허상이다. 우리에게 천국에 살 권리가 있고 그 권리를 위해 타자를 제거할 수 있다는 잘못된 생각을 갖게 하는 것이 문명이다. 하지만, 벌레는 당연히 제거해야 된다는 나의 일상적 이해와 관습이, 나의 무의식에서 나를 통제하고 있는 사유의 시스템이 나치와 아우슈비츠를 낳았다. 나의 이익과 상치되는 타자는 몰개성적이고 무가치하다고 생각하는 오만이 전쟁과 살육을 낳은 것이다. 천국은 나와 다른 너가 제거된 곳이 아니라 나와 다른 너와 평화롭게 공존하는 곳이다.

하나님은 무가치한 인간 세계에 인간의 모습으로 오셨다. 하나님의 뜻과 반대되는 삶을 사는 인간과 공존하기 위해 오셨다. 비공존의 세계에 공존을 실현하여 하나님의 나라를 이루기 위해 오셨다. 그것이 하나님의 정의다.

그런데 사람들은 하나님이 인간이 되셨다는 사실을 인간이 벌레가 되었다고 가정하는 것보다 더 숭고하다고 생각한다. 인간이 벌레가 되었다고 가정한 카프카의 『변신』을 읽으면서 우리는 폭력적인 근대성과 참혹한 인간상을 반추한다. 그러나 하나님이 인간이 되었다는 사실 앞에서 우리는 인간의 존엄성과 숭고함을 생각한다. 인간이 가장 중요한 존재라는 이데올로기에 우리의 생각이 지배당하고 있기 때문이다.

태초의 창조세계를 돌아보라. 세계에 존재하는 것들이 탐욕과 살육을 행하였던가? 이사야11장는 죄도 없고 상함도 없는, 세계의 모든 존재자물들이 무욕과 무시간적인 원시적 평화의 세계를 꿈꾸었다. 그 시간 속에서는 벌레들이 떼를 지어 내 책장 위를 걸어다니거나 내 등을 타고 오르거나, 혹은 내 콧구멍 속으로 무리를 지어 들락거린다 하더라도, 딱따구리가 내 목에 구멍을 내고 들어앉아 알을 낳는다 하더라도 나는 흥분하거나 노하지 않을 것이다. 벌레들에게도 어디든 다닐 수 있는 권리가 있고 나는 그들의 권리와 공존할 수 있기 때문이다. 나에게만 독점적으로 주어진 권리는 아주 나쁜 권리다. 천국은 이 모든 권리가 포기되는 나라다.

청설모의 몫

교회 마당에 두 그루의 호두나무가 있다. 해마다 호두가 심심찮게 열려서 가을이면 수확하는 재미가 쏠쏠하다. 호두가 벌어 마당에 알맹이가 떨어지면 넋 놓고 앉아 그걸 까먹는 재미로 시간 가는 줄 모를 때가 있다. 호두의 속껍질을 까기 위해 손톱의 날을 세우고 온몸과 정신을 몰두할 때 머릿속이 백짓장처럼 가볍고 순결해진다. 그리고 잎이 넓은 호두나무 잎은 무성한 가지를 뻗어 풍성한 그늘을 선물하기도 한다. 그래서 호두나무 아래 서면 베잠방이에 바람이 들 듯이 내 정신의 미숙한 곳이 여백이 생긴다.

그런데 지난해에는 호두 알이 여물어 가는 이른 여름부터 청설모 한 마리가 호두나무에 열심히 오르내렸다. 이 녀석 호두를 까먹는 솜씨는 가히 귀신같다고 할 만했다. 사람의 눈치를 피해 사뿐사뿐 이 가지 저 가지를 넘나들며 마치 사람이 손을 쓰듯 앞발로 호두를 잡고 까먹는 모습이 신기하고 귀엽기도 해서 한참을 바라보곤 했다. 그러던 어느 날부터는 제 식솔들까지 다 데리고 와서 나무를 점령해 버렸다. 사람이 있어도 크게 제지를 하지 않으니 녀석이 아예 호두나무에 붙어 살면서 밥상을 차린 것이다. 가을이 되어 호두나무를 올려다 보았을 때 그 많던 호두가 다 증발한 것을 보았다. 아니, 그래도 그렇지 그 쬐끄만 녀석들 몇이서 두 개의 큰 나무에 셀 수도 없이 가득 매달린 호두를 이렇게 증발시킬 수 있나?

결국 작년에는 예년에 비해 꽤 많은 호두가 열렸음에도 불구하고 단 하나의 호두도 맛보지 못했다. 교인 중 총 잘 쏘는 박 권사가 그놈을 꼭 잡아야 내년에는 호두를 맛보실 거라면서 전의戰意를 보였지만 나는 다만 내 마당에 있는 것을 나 아닌, 그 어떤 존재라도 배불렸으면 됐지 하는 생각을 하였다. 그냥 허허 웃고 말았다. 한편으로는 서운하기도 하고 한편으로는 녀석들의 먹고사는 재주가 가상하기도 하였던 것이다.

그런데 올해는 가을이 되기까지 호두가 멸실되지 않고 그대로 매달려 있다. 장대를 가지고 나무의 높은 곳에 올라 호두를 털면서 참 다행이라고 생각했다. 작년에 맛도 못 본 호두를 올해는 실컷 맛보겠구나, 그리고 여기저기 신세 진 분들에게 조금씩이라도 나누어 줄 수 있겠구나 생각하니 호두를 터는 내 마음이 흥겨워졌다.

하지만, 시간이 지날수록 자꾸 작년의 그 청설모 가족이 생각났다. 그 녀석들 잘들 살고 있나? 왜 올해는 안 온 거지? 혹시 집안에 무슨 변고라도 생긴 건 아닐까? 녀석들의 안부가 궁금해졌다. 천적에게 잡아먹힌 건 아닐까? 혹시 사람이 놓은 덫에 걸리거나 총에 맞아 죽은 건 아닐까? 이러한 생각이 자꾸 나를 잡아끌며 나뭇가지 끝으로 몰고 갔다. 그러다 나뭇가지 끝에 창연하게 열린 가을 하늘에 시선을 빠뜨리고 말았다. 저 높고 푸른 하늘에는 경계도 없는데 내가 발 딛고 사는 이 땅에는 왜 경계가 있는가. 이 나무가 뿌리내린 곳이 내 울안이라 할지라도 이 나무의 가지들은 결국 경계를 넘어 저 하늘을 향하고 있거늘 청설모가 뛰노는, 아니 호두가 열매 맺는 이 하늘을 내 것이라고 고집할 수 있는가.

나는 그 때까지 청설모들이 내 것을 빼앗아간 도둑들이라고 생각했다. 호두나무가 내 울안에 있으니 이것은 당연히 내 것이라는 생각과 내 것을 허락없이 가져간 녀석에게 나는 도덕적 우월감을 갖고 있었다. 내 것을 가져가도록 조금은 방심한 나의 태도에는 우월한 지위에 있는 사람이 자기 아래 있는 약자에게 베푸는 관용의 태도와 마음이 있었다. 그러므로 나는 청설모에게 시혜를 베푼 것이고, 그것은 청설모에 대한 도덕적 우월감의 근거로 작용했던 것이다.

땅에다 금을 그어놓고 그 안에 있는 게 내 것이라고 우기며 싸우는 우리의 인생사가 우스웠다. 호두를 다 털지 못하고 몇 가지 남겨둔 채 나무에서 내려왔다. 교회 옆 밭에서 일하는 아주머니가 "호두를 다 안 털었네요?"라고 말한다. "그러네요, 저런."이라고 말하며 나는 싱겁게 웃어 주었다. 어느 날 찾아올 청설모 가족의 몫이라고 말하면 비웃을 것 같았다.

그리스도인, 그 두려운 이름

현대 자본주의 사회가 인간에게 가져다준 가장 큰 재앙은 경제적 공포일 것이다. 오늘날 그리스도인들 역시 경제적 공포에서 자유롭지 못하다. 자본주의 시스템은 화폐의 생산과 유통에 뿌리를 두고 있다. 그래서 이 화폐경제 시스템에 정착하지 못하면 생존이 위협받게 된다. 이런 사회적 풍토를 바꾼 게 초기 그리스도교의 힘이었다. 제국주의적 지배질서를 거부하고 하나님나라의 정의를 위해 실천했던 역사를 우리는 가지고 있다. 하지만, 지금 우리는 제국주의적 지배질서의 연장선상에 있다. 신자유주의는 제국적 질서의 새로운 패턴이다. 하지만, 신자유주의 사회를 맞은 우리시대의 교회들은 초대교회들의 그 저항력을 잃어버리고 말았다.

하나님을 믿고 그리스도를 따른다는 것은 두 가지 의미가 있다. 그를 믿고 따름으로서 구원받게 된다는 것이 첫 번째다. 그리고 세속적 가치에 저항함으로써 거룩한 삶으로 부름을 받는 것이 두 번째 의미다. 자본주의 사회는 우리에게 첫 번째에 지나치게 몰두하게 만들었다. 구원이라는 개념에 은근하게 세속적 축복관념이 숨어든 것이다. 그리하여 하나님을 잘 믿으면 축복받아 부자 되고 자녀가 공부를 잘하고, 좋은 직장에 취직하게 된다는 신앙이 자리잡은 것이다. 이렇게 볼 때 축복신앙은 자본주의사회가 낳은 사생아다.

그리스도인이 된다는 것은 이제 세속적 축복을 위한 수단이 되어버렸다. 이런 세속화는 예수를 따르고 본받아야 할 우리의 영적 스승으로서보다 나의 축복을 위한 초월적 절대자로만 숭배하도록 강요한다. 따라야 할 예수보다 숭배해야 할 예수상이 압도하고 있는 것이다. 종교가 자기 집단의 외연 확장을 위해 견고한 도그마를 구축하고 정치체제의 제도권 안으로 들어갈 때 종교의 고유한 생명력을 잃어버리게 된다. 그렇게 될 때 자기 집단의 보호를 위해 더욱 견고한 외피를 두르고 당대의 정치권력과 이데올로기를 공유하게 된다. 이때부터 그 집단은 폭력성을 잉태하게 된다.

이스라엘 백성이 탈출하여 40년간 방황하던 공간이 광야였다. 애굽의 제왕적 지배질서 아래서 착취와 폭력에 시달리던 히브리인들이 하나님을 만나기 위해 폭력적인 도시문명으로부터 멀리 떠나야 했다. 세례요한이 '주의 길을 준비하라' 외칠 때, 예수님이 금식하며 기도할 때, 예수님이 천국 복음을 설교할 때, 바울이 회심하고 깊이 기도할 때, 그곳은 광야였다. 그 광야는 도시문명과 제왕적 정치질서의 비열함으로부터 멀리 떨어진 비세속화의 영역이었다.

그리스도인들은 세속적 가치와 대립하며 거룩한 삶의 특징들로 세상에 확연하게 대비시킨 사람들이었다. 바울의 옥중서신 가운데 빌레몬서는 당대의 노예제도와 계급제도에 대한 저항 의지를 보여준다. 국가의 정치체제와 세속적 가치를 부정하고 그리스도인의 자유함을 실천적으로 선포하는 이 서신은 초대교회가 부조리한 국가권력이 펼쳐놓은 세속적 가치와 어떻게 대립하며 저항했는지를 보여준다.

굶주리고, 매 맞고, 주린 사자에 찢겨 살해당하면서도 불의한 시대와 타협하지 않았던 사람들을 일컬어 '그리스도인'이라고 했다. 사도행전과 베드로전서에 나오는 이 이름은 땅의 권세를 이기는 하늘의 권세로의 메타포다. 세상의 그 어떤 권세도 이들을 굴복시킬 수 없었다. 그 이름은 세상이 두려워하는 이름이었다.

하지만, 우리는 세속 경제의 덫에 너무 쉽게 걸려들고 말았다. 경제적 공포는 생존에 대한 두려움으로부터 나온다. 돈은 곧 목숨이기 때문이다. 교회나 목회자가 이 공포에 사로잡히게 되는 순간 교회는 생명력을 잃게 된다. 두려움에 사로잡히지 않고 그 두려움을 넘어서는 게 신앙이며 교회의 힘이다. 맥 빠진 교회, 두려움에 떠는 목회자는 전도라는 이름의 비즈니스에 열중할 수밖에 없다.

병자의 감각과 치유의 징후

　카메라를 통해 이미지를 만들어내는 행위를 일컬어 '사진 찍다'라고 한다. 사진이 피사체를 있는 그대로 복제한다는 의미라면 '찍다'라는 동사는 판화나 도장을 종이에 눌러 찍는 것Printing과 동의어다.

　'찍다'와 '하다'는 둘 다 동사다. 하지만, 나는 언젠가부터 '사진을 찍다'라고 말하지 않는다. '찍다'는 사물에 대한 단순한 복제행위를 의미하기 때문이다. 판화를 제작하는 행위와 그것을 찍어내는 행위는 다르다. 사진을 찍는 것은 누구든지 할 수 있다. 하지만, '하다'는 그것을 행하는 사람의 능동적이고 주체적인 의지가 내포된다. 그러므로 '하다'라는 동사는 인간의 행위에 대해 근원적이면서도 포괄적인 의미를 갖는다. 특히 그것이 예술성을 담지할 때 그 예술은 인간의 창조적 행위에 바탕한다.

　빛을 통해 세계와 사물을 인식하는 것은 기계지만 빛을 읽고 세계와 사물을 통찰하는 것은 사람이다. 발터 벤야민이 정초한 '아우라

Aura'는 기계에서 파생되는 것이 아니라 사람의 지성과 영감에서 발현하는 것이다.

예루살렘 양의 문Sheep Gate 근처에 베데스다라는 연못이 있었다. 그런데 이 연못에 천사가 가끔 내려왔다. 천사가 내려오는 징후는 연못의 물이 움직이는 것이다. 물이 움직일 때 제일 먼저 그곳에 들어가는 병자는 치유된다. 그래서 베데스다 연못에는 수많은 병자가 그 때를 기다리며 장사진을 이루고 있다.

연못가에 있는 많은 병자들에게는 치유받기 위해 두 가지가 필요했다. 첫 번째는 물의 움직임을 면밀하게 관찰하여 그것의 진위를 알아채는 직관과 영적 센서가 있어야 한다. 저것이 바람에 의해 일어나는 파동인지 아니면 물속의 어떤 생물들의 움직임에 의해서 일어나는 파동인지, 천사의 하강 때문에 일어나는 파동인지를 직감할 수 있어야 한다. 물사물의 움직임에서 신비적으로 역사하는 어떤 기운의 징후를 읽어야 한다. 물이 움직인다고 다 천사가 내려온 것은 아니기 때문이다. 이것은 사진가가 셔터를 누르기 위해 피사체에 앵글을 맞추고 기다리며 사물의 내적 징후를 읽어내는 기술과 같다. 두 번째는 그 물에 재바르게 자신의 몸을 투신할 수 있는 동력이 있어야 한다. 징후를 읽고도 셔터 누르는 타이밍을 놓쳐버리면 원하는 사진을 얻을 수가 없는 이치와 같다.

삼십팔 년 된 병자가 있었다. 그는 적어도 와병 기간에 버금하는 세월동안 그 연못에 있었을 것이다. 때문에 천사의 징후를 읽는 데는 누구보다 우월한 직관을 가졌을 것이다. 하지만, 그는 자력으로 연못에 투신할 수 없었다. 자기 몸을 재빠르게 연못에 넣어주는 조력자가 없었기 때문이다. 그는 징후는 읽을 수 있지만 행위는 할 수 없는 사람이었다.

비과학적인 영역이나 그 힘을 말할 때 서양인들은 '신비Mystery'라는 말을 쓰는데 이 말은 종교적인 비의秘義나 성례전聖禮典을 뜻하기도 한다. 자연과학의 시대, 합리성의 시대에도 사람들은 종교적인 신비를 버리지 못한다. 인간의 DNA에 이성理性만으로는 접근할 수 없는 신비의 세계, 초월적인 나라에 대한 감각이 남아있기 때문이다. 인간의 태생은 어머니의 자궁이 아니라 무시간적인 하나님의 나라이기 때문이다.

그런데 그 기억은 세계와 사물에 대해 차원이 다른 이해방식을 갖는다. 피사체의 이미지를 복제하는 것으로써의 사진이 아니라 피사체에 내재된 신비한 내적 징후를 읽어내는 기술로써의 사진처럼 말이다. 신앙은 세계에 내재하는 하나님의 역사하심과 그 징후를 읽는 감각으로부터 시작한다.

그러나 그것은 반드시 행위를 수반해야 한다. 징후는 알지만 행위하지 못할 때 삼십팔 년 된 병자와 같게 된다. 징후를 포착했을 때 과감하게 셔터를 누르는 것 같이 영적 감각과 믿음의 사회적 실천은 타이밍이 맞아야 한다.

하지만, 우리 시대의 교회들은 징후를 읽는 일과 사회적 실천행위가 극단적으로 나뉘었다. 베데스다 연못가에 있는 삼십팔 년 된 병자의 곤란지경에 처해 있는 것이다.

냉장고와 트라우마

일전에 고향의 어머니 집에 갔다가 깜짝 놀라고 말았다. 노인 두 분이 사는 집에 냉장고가 세 개나 있는 것을 보았기 때문이다. 하나는 기존에 사용하던 것이고 또 하나는 새로 장만한 김치냉장고, 다른 하나는 마을에서 냉장고를 바꾸는 집이 있는데 "저렇게 멀쩡한 걸 버리느냐"며 어머니가 끌어다 놓고 사용하는 것이란다.

어머니는 전기요금을 아낀다고 5와트 전구로 교체하여 온 집안을 침침하게 해 놓고 사시는 분이다. 평생을 줄여 쓰고 아껴 쓰는 게 몸에 밴 탓도 있지만 시골교회 목사로 있는 자식에게 한 푼이라도 부담 주지 않으려고 더 쪼개고 아끼려는 마음 때문이다. "그깟 전기요금 얼마나 되냐"며 전구를 교체해 주려 해도 막무가내였다.

그런 어머니가 냉장고를 대담하게 세 개씩이나 돌리고 있는 것이다. 그래서 내가 물었다. 냉장고의 전기요금은 아깝지 않느냐고. 그리고 냉장고의 전기요금 사용량을 전구와 비교하며 그 요금까지 계산해서 눈으로 확인시켜 주었다. 냉장고를 무조건 신뢰해서는 안 된다는 얘기도 덧붙였다. 냉장고에 넣는다고 음식이 안 상하는 게 아니라 단지 천천히 상할 뿐이고, 두 사람이 소비하는 음식량에 비해 저장되는 음식의 양이 많아짐으로 인해 음식이 폐기되고 낭비되는 문제까지 설명했다. 그것을 돈으로 환산했을 때 얼마가 낭비되는지도 꼼꼼하게 따져 주었다.

하지만, 돈에 관해서는 냉철하고 실리적인 사고를 하는 어머니는 눈앞에 놓인 비교 수치를 확인하고 나서도 냉장고에 대한 확고한 신념을 버릴 기미를 보이지 않았다. 어머니로 하여 논리적인 사고를 방해하는 그 무엇인가가 있다는 것을 나는 안다. 의식의 중량보다 몇 백 배나 더 무거운 어떤 무의식이 어머니를 억누르고 있는 것이다. 나는 그것의 정체를 잘 안다. 그래서 더 이상 아무 말 하지 않았다.

가난했던 지난 날 쌀 한 톨마저 하수구로 흘려보내지 않기 위해 긴장하며 살았던 경험들이 어머니의 몸에 지금도 가시처럼 박혀있기 때문이다. 식솔들의 굶주림이 가장의 가장 큰 죄악이었고 고통이었던 그 시대의 공포감이 음식을 통해 아직도 살아 꿈틀대고 있기 때문이다. 그 공포감은 음식을 버리는 것을 불경스럽고 죄악에 해당하는 일로 여긴다. 그러니 음식에 대한 관념은 거의 신앙에 가깝다. 내가 숟가락질을 배우던 유아기 때 밥풀 하나까지 단단히 핥아먹도록 엄한 교육을 받은 일을 회상하면 음식에 대한 신성한 관념이 어떻게 어머니를 지배하고 있는지를 추측할 수 있다.

어머니의 아껴쓰고 절약하는 정신은 절대로 그 무시무시한 공포를 대적할 만한 적수가 되지 못한다. 가난과 굶주림에 대한 기억은 합리적 사고를 마비시키기 때문이다. 어머니의 냉장고는 가난과 굶주림의 트라우마다.

그 트라우마는 먹다 남은 음식을 버리지 못하고 다시 냉장고에 반복해서 들락거리게 한다. 그리고 냉장고에 음식을 채워놓는 습관마저 키워놓았다. 부패하여 냄새가 날 때까지 그 행위를 멈추지 않도록 만든다.

그런데 이렇듯 냉장고와 관련된 트라우마는 우리의 신앙생활에도 그대로 나타난다. 예수를 믿기만 하면 구원을 받는다는 획일화된 신앙관념은 마치 음식을 냉장고에 넣어놓기만 하면 상하지 않을 것이라는 막연한 기대감과 유사하다. 예수님의 십자가가 일회적으로 구원을 확증하는 사건이라고 믿는 것이다. 그래서 예수를 믿기만 하면 단번에 구원이 완성된다는 신앙을 갖게 되는 것이다.

냉장고는 믿음으로 구원을 얻는다는 '이신칭의以信稱義 신앙에 대한 메타포다. 이러한 신앙관념은 그리스도인에게 도덕적인 삶의 요구를 무시해도 된다는 암묵적 가르침을 준다. 도덕적으로 비난받는 삶을 살아도 예수를 믿기 때문에 그의 비난받는 삶이 천국에 들어가는 데 아무런 문제가 되지 않는다는 생각을 낳는 것이다. 믿음에는 행위가 따른다는 야고보서 2:14 이후의 말씀에 대해서는 긴장감을 갖지 않는다. 이신칭의 교리는 기계적 장치에 의해 편리성과 안정성이 보장된 산업사회의 패러다임과 짝을 이룬다. 이러한 풍토는 신앙마저

손쉬운 저장고냉장고에 방치시켜놓고 구원의 확신 속에 태만하게 살게 만든다.

또 이런 관념은 3·15부정선거로 하야한 이승만 장로를 국부國父로 숭상하자는 주장을 서슴없이 하게 만든다. 엄청난 토목사업과 자원외교, 방산비리 등의 범죄를 저지른 이명박 장로를 칭송하게 한다. 예수를 믿기만 하면 도덕적 삶과 무관하게 구원받은 백성이고, 그는 나와 같은 편이라는 진영논리에 빠지는 것이다.

한국 교회가 하나의 냉장고라면 지금 냉장고는 썩고 부패한 음식물로 가득차서 악취가 진동하는 지경이다. 이런 상태가 지속되면 냉장고의 기능은 마비되고 전기요금만 발생시키는 애물단지가 된다. 급기야 냉장고마저 내다 버려야 하는 지경에 처하게 될 것이다.

아이폰은 아이폰이 아니다

평소에 TV를 거의 보지 않는 나에게 TV광고 카피 하나가 귀에 박혔다. 통신사 광고 같았다.

"아이폰이 아니라는 건 아이폰이 아니라는 것"

입안에서 신선한 맛을 내는 것이 톡 터지는 느낌이다. 이 카피는 두 줄로 재배치하여 읽어야 그 의미가 열리는 구조다.

아이폰이 아니라는 건
아이폰이 아니라는 것

첫 번째 줄은 주절이고 두 번째 줄은 서술절이다. 즉 "A는 B다"의 형태를 갖는 명사형 문장이다. 무의미하게 반복되는 것 같은 두 개의

절을 다른 의미로 나누는 것이 바로 의존명사 '건'과 '것'이다. 고전 시가에서 구句나 행行의 마지막에 운율을 두기 위해 의미나 음절을 반복하는 각운脚韻을 취하였다. 하지만, '건'과 '것'은 동일한 의미를 가진 의존명사다. '건'은 의존명사 '것'과 보조사 '은'이 결합된 형태로서 '것'과 함께 불특정한 사건이나 사실을 나타내는 의존명사다. 동일한 의미를 가진 명사라고 해서 다음과 같이 했다면 그 맛과 뜻을 살리지 못했을 것이다.

아이폰이 아니라는 것은
아이폰이 아니라는 것이다

앞줄의 '것은'을 '건'으로 압축하여 울림소리 'ㄴ'으로 율격을 만들어 발음을 부드럽게 하였다. 그리고 전자의 아이폰과 후자의 아이폰을 다른 의미로 변환시킨다. 전자의 아이폰이 하드웨어적 기재Metal라면 후자의 아이폰은 사람과 세계를 연결시켜주는 소통 기재로써의 소프트웨어Idea라는 것이다. 아이폰이 단순한 물리적 기능을 가진 '도구'가 아니라 변화하는 시대에 맞는 '사유체계'라는 의미다. 변증법적 역동성으로 사유하는 젊은 지성인의 아이콘이라는 것이다. 이것은 불교의 경전金剛經에 전해지는 저 유명한 문구 "산은 산이요 물은 물이다山是山 水是水"를 차용한 것이다. 고래로부터 선승禪僧들이 평생을 이 한마디로 구도求道의 길을 갔다. 가장 최근에는 성철 스님이 이 말의 문을 다시 열고 입적하였다.

‘건’과 ‘것’, 아니 ‘ㄴ’과 ‘ㅅ’ 하나 차이로 의미가 바뀌고 그 의미는 세상을 바꾼다. "산은 산이고 물은 물이다"고 할 때 그것은 사람의 망막에 맺히는 1차적인 상Image이다. 하지만, 그것이 사유화 과정을 거치면 산은 산이 아니고 물은 물이 아니다. 현상 속에 숨어 있는 또 다른 의미를 보게 되는 것이다. 그리고 산과 물은 역시 산이고 물이다는 변증법적 결론에 도달한다. 테제에서 안티테제로, 그리고 신테제로 넘어가는 이 엄청난 역동성은 겨우 두 개의 자음에서 나온다.

내가 보고 있는 이 아이폰은 아이폰이다.도구. 현상 하지만, 눈으로 보고 도구화하여 사용하는 아이폰은 참 아이폰이 아니다. 아이폰의 본질은 현상도구 너머에 있기 때문이다. 그러므로 아이폰은 아이폰이 아니다.

잡스는 직접 말하지는 않았지만 평생 이 화두를 놓지 않았던 것으로 보인다. 나는 아이폰을 사용하며 잡스의 역동적인 젊음과 그의 사유를 공유한다. 그러므로 나에게 아이폰은 아이폰이 아니라 끊임없이 사유하는 잡스의 열린 정신이다.

또 내가 성경을 읽는 것은 예수님의 삶을 내 안에서 역동적으로 살아 움직이게 하기 위해서다. 예수님처럼 살기 위해 노력하지 않으면 내가 읽는 성경은 전원을 켤 수 없는 최신의 아이폰과 다르지 않을 것이다.

전쟁담화와 스포츠

이곳 교회에 부임하여 지금까지 사사기와 역대기, 열왕기, 계시록 등을 텍스트로 하여 단 한 건의 설교도 하지 않았다. 이 텍스트들에 전쟁 담화가 집중되어 있기 때문이다. 전쟁 담화는 이야기의 표층에 의미나 주제가 있는 게 아니라 '전쟁'이라는 사건의 심층에 주제가 내재되어 있다. 그러므로 전쟁담화를 이해하기 위해서는 서사의 표층을 뚫고 들어가 주제를 정확하게 마주볼 수 있는 통찰력과 분석력이 있어야 한다. 텍스트에 대한 독해능력이 전제되어야 한다. 전쟁담화는 설교자가 아무리 잘 편집하여 설교한다 하더라도 청중의 이해력이 부족하면 왜곡될 위험이 있다.

우리 교회는 청중이 극단적으로 나뉜다. 7,8,90대의 고령 인구와 초등학생들로 이원화된 우리교회 구성원들은 텍스트에 대한 이해 능력이 매우 떨어진다. 내가 아무리 청중의 수준에 맞게 요리하여 설교한다 하여도 '전쟁'이라는 소재는 청중의 의식을 이분화시킬 수밖에 없다. '전쟁'이 가지고 있는 이미지가 너무 크고 강렬하여 청중의 시선이 스크린 뒤를 볼 수 없게 만들기 때문이다. 그러므로 강렬한 이미지를 꿰뚫는 통찰력과 이해력이 없는 사람에게 전쟁 이야기를 함부로 해서는 안 된다.

전쟁과 스포츠는 등가의 법칙 가운데 있는데, 그것은 우리 편과 상대편이라는 이분법적 선악관념이다. 이 대립은 우리 편에 대해서는 절대적인 선의식을 갖게 하고 상대편에 대해서는 반대 의식을 갖게 한다. 객관적이고 합리적인 사고를 방해하는 게 이분법적 분리의식이다. 전쟁담화도 마찬가지다. 이는 지적 능력과 통찰력이 부족한 청중에게는 표층을 뚫고 들어가기도 전에 성급한 선악관념으로 직행할 위험성이 있다.

영국이 산업혁명 이후 공장 노동자들에게, 또 식민지 민중에게 축구를 가르치고 전파한 이유가 여기에 있다. 스포츠와 전쟁은 우리 편과 상대편, 즉 아군과 적군으로 인간과 세계를 단순화시키기 때문이다. 이분법적 단순성은 사람들의 사유능력과 통찰력을 거세한다. 전두환 전 대통령이 쿠데타로 정권을 찬탈한 뒤 지역을 연고로 하는 프로야구를 시행한 이유가 여기에 있다.

스포츠는 인류의 전쟁의지와 폭력성을 규칙으로 순화시킨 것이다. 그러므로 스포츠에 열광하는 심리와 전쟁에 열광하는 심리의 기원과 동기는 같다. 함부로 편을 가르고 그것에 열광하는 것은 그것이 스포츠이든지 정치적 계파이든지, 아니면 종교적 교파이든지 경건한 그리스도인의 삶과는 거리가 먼 것이다. 그리스도인은 누구의 편도 아니고 누구의 계파도 아니고 오직 하나님의 뜻에 부름받은 사람으로 예, 또는 아니오라는 말로 시대를 분별해야 한다.

사문난적과 성서

조선의 유학은 경서를 읽고 해석하는 것으로 그 기초를 삼았다. 그래서 유생들은 어려서부터 경서를 달달 외우고 살아야 했다. 유생들의 입신양명의 관문인 과거시험장은 경전을 텍스트로 하여 인간과 세계를 통찰하고 국가 지도자로서의 덕목이 갖추어졌는가를 평가하는 자리였다. 단순히 경전을 달달 외우는 것이 아니라 그것을 현재 상황에 맞게 재해석해야 하는 창의적인 통찰을 요구한 것이다.

하지만, 조선의 유학은 자신들의 경전, 특히 주자 성리학에 대한 교리에 어긋나는 해석이나 주장을 내세우는 자들을 '사문난적斯文亂賊'으로 몰아 극형에 처했다. 이것은 조선이라는 국가 체제의 정신적 뿌리를 지키기 위한 순혈주의에서 나온 것이다. 어느 종교나 체제든지 자신들의 존재 기반이 되는 텍스트나 이데올로기를 성스럽게 보존하려고 하기 때문이다.

한국 기독교가 BIBLE을 〈성경〉이라고 칭하는데 이것은 유교의 경전을 일컬었던 말이다. '거룩한 책'이라는 뜻이다. 거룩하다는 것은 인간이 범접할 수 없는 초월적 영역을 암시한다. 이러한 기준에 따라 기독교에서도 경전 해석의 전통을 지키고 이어가기 위한 순혈주의가 있다. 그래서 순혈주의자들의 조직신학적 기준에 맞지 않는 교설을 이단으로 정죄한다. 사문난적이 조선의 유학에만 있던 것은 아니다. 〈순복음교회〉라는 이름도 그러한 보수적 순혈주의에서 파생된 것이다. 그런데 불행하게도 이것은 인간이 집단생활을 시작하면서부터 나타난 일종의 병적인 정신현상이었다.

이러한 인간의 정신 병리학적인 문제에서 벗어나기 위해서 장자는 절대자유를 말하며 구만리 높은 우주를 나는 대붕의 신화를 얘기했다. 나는 지금도 머리 아픈 일이 있으면 장자의 첫 페이지를 열어 대붕의 신화를 읽는다. 거기에는 짧지만 운문체 문장으로 대담하게 내리쓴 서사가 내 혼잡한 정신을 싣고 구만 리 장천을 장쾌하게 나는 기쁨이 있다. 장자에는 세속적 그물망을 단 칼에 찢어버리는 쾌도난마식 영성이 있다.

신약성경 중에 장자와 비슷한 맥락으로 쓰인 것이 있는데 그것은 마가복음이다. 나는 석사논문에서 이 마가복음의 뿌리가 '노마디즘'에 닿아 있다고 주장하였다. 어디에도 얽매이지 않고 바람처럼 갈릴래아를 유랑하며 풀꽃처럼 바람처럼 민중의 삶 속에서 호흡했던 예수는 구만 리 장천을 나는 대붕의 이미지와 유사하다.

그런데 우리 시대의 사문난적들이 사실은 자신을 정통이라고 주장하는 순혈주의자들 가운데 있는 것을 본다. 성경을 개인이나 특수한 집단의 이해관계에 기초해서 무리하게 해석하는 짓들을 하고 있는 것이다. 그들이 주장하는 이단과 정통이라는 이분법은 구호만 있지 그것의 경계를 명확하게 구분할 만한 전거도 모호하다.

이것은 한국의 신학 교육에서 성서신학이 천대받은 결과다. 고전어히브리어, 헬러어, 라틴어, 아람어 등를 공부해야 하는 어려움과 사유하기를 꺼리게 하는 한국 공교육의 획일적 성적 지상주의 때문에 텍스트에 대한 접근과 이해가 어려워지는 것이다. 그래서 목사들은 텍스트에 대한 진지한 접근과 사유보다 경박한 수사학이나 웅변술 같은 걸 도구로 삼기 좋아한다. 조직신학은 이단자를 만들기에 용이하고 실천신학은 경박한 기능주의자를 만들기에 용이하며, 역사신학은 편년체식 맞춤 안경을 제조하기에 용이한 게 작금의 한국 신학교육이다.

성경은 해석되어야 할 텍스트지 문자 그 자체로 마력이 있거나 의미가 있는 주술문이 아니다. 이것을 간과할 때 성경을 읽고 해석하는 능력을 상실하고 사문난적이 될 수 있다.

성경은 과학이 아닙니다

　　외부 출입을 하고 돌아와 초저녁 잠에 잠시 몸을 적셨다가 책 한 권 들쳐 업는다. 신화학에 관련된 것이다. 내가 신화학에 관심을 두는 이유는 이 과학만능의 시대, 유물론적 패러다임이 지배하는 시대에 대한 환멸 때문이다. 더욱이 내가 읽고 해석해야 할 성경이 신화적 인식체계와 신화적 언어로 기록되었기 때문에 그것을 하나의 귀중한 도구로 삼지 않을 수 없다. 보수적인 신앙을 가진 분들은 흔히 성경과 신화를 얘기하면 '성경이 신화라는 말이냐?' 라고 성질 급하게 들이받기부터 한다. 이처럼 너무 열정적인 신앙은 너무 뜨거운 나머지 가끔 자기 주변을 다 태워버리기도 한다. 그래서 맥락이 제거된 문자만을 보게 되는 것이다. 그러니 '적' 이라는 접미사마저 불태워버리는 것이다.

　　이런 열정을 가진 분들이 간혹 성경의 언어를 과학의 언어로 풀려

하는 경우가 있다. 우리나라에서는 창조과학회가 그 시발점인 것 같다. 하지만, 과학으로 성경을 해석하는 것은 자멸에 가까운 짓이다. 이 경우 언어체계가 다른 두 세계가 충돌하여 둘 다 우스운 꼴이 되고 만다. 과학의 언어는 실증주의를 기초로 하기 때문에 초월적이고 내재적인 신화적 언어를 담지할 수 없다. 이것은 마치 유전자가 서로 다른 생물의 종을 교배시키려는 비윤리적이고 무모한 짓과 같다.

과학의 직선적인 사고체계와 언어 형식은 다층적이고 역설로 가득찬 신화적 세계상을 설명하지 못한다. 과학으로 성경의 텍스트를 설명하려고 시도하는 순간 팝콘처럼 튀어오르는 수많은 오류와 모순에 직면하게 된다. 그 모순을 은폐하기 위해 그들은 무리수를 두며 거짓 과학을 창조한다. 이렇게 해서 아이러니하게도 창조과학자가 되는 것이다.

제발 교회에서 창조과학이니 어쩌니 하면서 성경을 과학으로 증명하려는 무모한 시도를 하지 않았으면 좋겠다. 진리를 과학이 규정하도록 자리를 양보해서는 안 된다. 과학은 세계를 이해하고 설명하는 하나의 방법일 뿐, 그것이 진리는 아니다. '과학적'이라는 말은 과학자들이 자신의 학문을 절대적인 위치에 올려놓기 위한 이데올로기적인 표현이다. 가치중립적인 과학이 모든 사물의 진위를 가리는 절대 기준으로 작동할 때 '과학적'이라는 말을 사용한다. 그러므로 성경에 대하여 '과학적'이라는 말을 할 때 과학이 성경보다 상위의 권위에 있음을 의미하게 된다. 성경은 과학이 아니라 메시지다.

그대의 믿음과 열정이 위험하다

우리 고향에는 유명한 역사적 사건이 일어난 장소가 있다. 신해박해, 또는 진산사건으로 알려진, 한국 최초의 순교자 윤지충, 권상연의 고향 마을과 그들의 신앙이 연원한 장소인 충남 금산군 진산면 지방리 성당이다. 지금은 공소로 전락하였지만 정신사적으로 한국의 근대를 촉발시켰던 사건이 있었던 역사적인 명소다.

이 사건은 윤지충과 그의 외사촌 권상연이 가톨릭교회의 가르침에 따라 조상의 신주를 불태우고 제사를 폐함廢除焚主으로서 조선의 정신적 뿌리를 뒤흔들고 집권 노론 세력의 성리학적 이데올로기에 방아쇠를 당긴 사건이었다. 또 이들의 순교적 행위는 조선의 심장에 방아쇠를 당기고 근대의 문을 연 사건이었다. 하지만, 이 사건이 이들의 주체적인 판단에 의해서 행해진 것은 아니었다. 중국에 있는 주교에게 교리적인 판단을 요청했던 조선의 가톨릭은 그들의 교리적 해석을 따랐고 윤지충과 권상연도 조선 가톨릭의 지침을 따랐던 것이다.

중국 선교의 주도권을 잡은 도미니크파와 프란체스코파는 교황 클레멘스 11세와 베네딕토 14세에 의해 조상제사를 절대 금지한다는 칙령을 내렸다. 이에 따라 윤지충, 권상연 같은 조선의 사대부 천주교 신자들은 목숨을 내놓고 그 교리를 지켰다. 하지만, 윤지충과 권상연이 전주 감영에서 참수당해 장대 높이 머리가 달리게 한, 그들을 죽음으로 몰고 간 그 교리는 과연 우주의 법칙처럼 절대적이었는가? 돌아보면 그들이 지킨 것은 신앙이라기보다 교리였다. 제도화되고 거대집단화된 기독교의 특징은 교리를 신앙하는 것과 하나님을 신앙하는 것을 일체적으로 보도록 하였다.

윤지충, 권상연이 폐제분주廢除焚主하여 죽음순교?에 이른 과정과 그 이후를 보면 이러한 특징이 잘 나타나 있다. 폐제분주에 대한 문제를 질문하기 위해 1790년 윤유일이 조선왕조의 사절단을 따라 베이징에 도착하여 구베아 주교에게 갔다. 하지만, 구베아 주교는 클레멘스 11세와 베네딕토 14세의 칙령을 근거로 폐제분주해야 한다고 답하였다. 결국 윤지충과 권상연은 구베아 주교의 답변에 따라 그 이듬해 어머니의 장례 때 신주를 불태우고 제사를 폐함폐제분주으로서 잔혹한 고문과 죽음을 당해야 했다.

그런데 그가 지켰던 그 교리가 그의 사후 150년 뒤1939년에 교황 비오 12세에 의해 뒤집혔다. "조상에게 제사를 드리고 공자를 공경하는 행위는 우상숭배가 아닌, 사회 문화적인 예절"이라고 칙령을 내린 것이다. 또한 1962년 제2차 바티칸공의회 이후 한국가톨릭교회는 조상 제사를 수용하였다.

그러면 이렇게 뒤바뀌는 교리의 와중에 그것을 위해 목숨을 바친 사람들은 무엇인가. 그들은 신앙을 위해 죽은 것인가, 아니면 종교 권력의 상층부에서 만들어놓은 교리를 지키기 위해 죽은 것인가. 이들에게 내려준 성인복자 칭호는 자기 교리의 모순을 합리화시키기고 역사적 상처를 치유하기 위한 위선은 아닌가.

우리가 지금 믿고 있는, '절대적'이라고 하는 그 신념믿음이 정말 절대적인가? 그 절대화된 믿음으로 누군가를 적으로 설정하여 이단으로 몰고, 생명을 내놓으라고 강요할 수 있는가? 교리적인 기독교인들이 범하기 쉬운 오류는 타인에 대한 정죄의식이다. 그들은 자기가 가진 교리를 수호하기 위해 나와 다른 사람을 타자화시키고 정죄하는 데 익숙하다. 교리에 대한 믿음과 하나님에 대한 믿음을 동일시하는 이들은 자신과 다른 이들에 대해 공격적인 태도를 취한다. 이들은 쉽게 열광하고 극단적 사고와 행동을 하는 데 주저하지 않는다. 집단화하기 좋아하며 광적으로 깃발을 흔들며 전진하기 좋아한다. 그들은 나와 다른 것에 대해 파괴적이고 전복적인 사고를 무리 없이 한다.

믿음이 좋은 사람들, 그래서 열정적인 사람들, 그대들의 열정과 믿음은 지금 위험하지 않은가?

당신의 십자가를 버리라

집에 아무도 없었다. 그래서 내가 너무 크게 소리 내 우는 것을 다행히 아무도 알지 못했다. 너무 마음이 아프고 슬퍼서 참을 수가 없었다. 밑바닥에서부터 끓어오르는 슬픔과 분노를 이길 수가 없었다. 설교를 준비하며 울어본 적도 없고, 또 이렇게 긴 시간을 소비해 본 적도 없다.

나는 설교를 정교한 논리로 말하지 않는다. 주석을 하거나 논리적 얼개를 복잡하게 짜지 않는다. 8, 90대 노인들에게 어려운 얘기를 할 필요도 없고 또 해서도 안 되기 때문이다. 다만 서너 개의 서로 다른 성경 번역본을 펼쳐놓고 문맥을 확인하여 정확한 메시지를 찾기 위해 간단히 노력할 뿐이다.

그런데 이번 주는 세월호 2주기 추념예배로 드리기 위해 그에 맞는 관련 이미지를 찾으려고 인터넷을 검색하다가 나도 모르게 눈물 파티를 하고 말았다. 나를 아는 사람들은 나를 냉철하고 이성적인 사람으로 이해하는데 사실 나는 누구보다 눈물이 많은 사람이다.

　우리는 수학적 명징성과 효율성이 지배하는 시대에 살고 있다. 합리주의와 기계적 냉정성이 동일한 의미로 이해되는 시대에 살고 있는 것이다. 특히 자유주의 시장논리를 신봉하는 기업가들, 그리고 이들과 같은 차원에서 교감하는 정치권력의 상층부는 이러한 기계적 합리주의의 세례를 받은 사람들이다. 이명박 대통령이 신자유주의 세계관으로 국정을 운영하면서 이 땅에는 냉혈적 합리주의가 보수의 이름으로 거리낌 없이 약자들을 억압하게 되었다. 정부의 책임을 시민의 삶과 분리시키려 하였다. 어느새 정부는 권력만을 누리고 국민은 의무만 행하는 제국주의적 지배구조가 형성되었다. 정부는 골치 아픈 시민의 생존 문제로부터 자유로워지기 위해 온갖 궤변을 다 만들어냈다. 국민은 국가를 위해 납세와 국방의 의무를 이행할 뿐 위기상황에서 국가로부터 보호받지 못하는 처지가 되었다.

　합리주의로 상징되는 근대성은 사람의 삶과 죽음마저 생물학적 탄생과 소멸로만 바라보려 한다. 신자유주의와 기계적 합리주의는 이미 세계와 인간에 대한 인격적 시선을 잃어버렸기 때문이다. 이런 비인격적 사회구조는 사람들에게서 눈물을 빼앗아버린다.

　눈물은 고통받는 심신의 생물학적 반응이다. 그런데 눈물은 타인의 고통에에도 반응한다. 나만을 위한 눈물은 자기연민의 구렁에 빠져 우울증을 낳는다. 이와 마찬가지로 타인의 고통에 반응하지 못하는 사회는 자기분열의 문제를 가지고 있다. 인간에게 하나님의 유전자가 내장되어 있는데 그것이 활동하는 핵심은 눈물샘일 것이다.

우리가 교과서를 통해 배웠던 바 인간의 조건은 '직립보행'도 아니고 '언어를 사용하는 능력'도 아니다. 그리고 '사유思惟하는 능력'도 아니다. 내가 생각하는 인간의 조건 중 첫 번째는 '공감능력'이다. 타인의 기쁨과 슬픔에 참여할 때 인간은 인간으로서의 자격을 얻게 된다. 특히 하나님은 우리에게 타인의 고통에 참여하라고 성경에서 말씀하신다.

십자가의 가장 큰 의미는 하나님이 인간의 고통에 구체적으로 참여하였다는 점이다. 하나님이 인간이 되었다는 것Incarnation은 인간의 출생과 성장, 생존의 과정에서 겪어야만 하는 고통은 물론 죽음의 공포와 고통에 참여함으로써 인간을 심판의 대상이 아닌 긍휼과 용서의 대상으로 바꾸어 놓았다는 뜻이다.

이렇게 볼 때 기독교 신앙은 타인의 고통에 참여함으로써 '예수 믿고 구원 받음'에 이를 수 있다고 말할 수 있다. 타인의 고통에 참여하지 않는 자는 십자가를 액막이혹은 축사나 구원의 부적符籍처럼 여길 수밖에 없다. 십자가에 능력이 있다면 그것은 부적符籍과 같은 마술적 기능이 아니라 죄인들을 위해 십자가를 지고 가신 예수님처럼 우리도 타인의 고통에 참여하여 십자가를 함께 지는 데 있다. 타인의 아픔을 함께 지고 갈 때 그곳에 하나님의 역사가 있다.

침몰하는 배 안에 갇혀 물이 차오를 때 무섭게 몰려오는 죽음의 공포를 벌컥벌컥 들이키며 죽어갔던 꽃다운 아이들을 생각해 보라.

침몰하는 배에 갇혀 죽어가는 아이들을 멀리서 바라만 보며 손 한번 쓰지 못하고 그 죽음을 지켜만 봐야 했던 부모들의 마음을 헤아려 보라. 그리고 그것이 우연한 사건이 아니라 누군가의 조작의 혐의가 있고, 그것이 더군다나 자기들이 믿고 따르며 세금을 바쳐 유지시킨 국가와 정부에 의해 고의적으로 방기된 죽음이라는 혐의가 있을 때, 그들의 분노와 고통을 상상해 보라.

자식의 비참한 죽음 때문에 단식하며 울부짖는 부모들에게 온갖 추잡한 혐의를 뒤집어씌우며 음식을 게걸스레 먹어대는 퍼포먼스를 벌이는 이들을 직립보행과 언어 사용, 사유능력만으로 인간이라고 말할 수 있을까. 타인의 고통에 침 뱉고 그들의 상처에 재 뿌리는 자들의 가장 큰 특징은 공감능력이 없다는 것이다. 히틀러, 스탈린, 폴 포트, 이디아민, 피노체트, 카스트로, 카다피, 이들을 독재자라고 부른다. 독재자는 한 사회가 공감능력을 상실할 때 탄생한다. 사탄이 인간을 타락시키기 위해 제일 우선하는 일이 있다면 그것은 공감능력을 빼앗는 일일 것이다.

당신은 무엇에 공감하는가. 불륜과 탄생의 비밀, 배신 등의 스토리로 인간의 온갖 추잡한 모습을 그리는 공중파 드라마에 공감하는가, 아니면 자신의 삶과 아무런 관계도 없는 연예인들의 사생활을 상품으로 하는 연예 프로그램에 공감하는가.

이제 우는 자의 눈물에 공감하라. 당신의 십자가를 버리라. 타인의 고통에 참여하지 않고 스스로 그리스도인이라고 말하지 말라. 타인의 고통을 외면하고 십자가만 바라보자고 말하지 말라. 타인의 고통에 침 뱉으며 십자가의 능력을 떠들지 말라. 그것은 가증스러운 신앙고백이다.

십자가는 단순히 기독교라는 종교 집단의 상징물이 아니다. 십자가는 타자의 고통에 참여하신 하나님의 형상이다. 십자가는 나와 무관한 타인에게 내 모든 것을 던질 수 있는 능력이다. 십자가는 죄로 인해 하나님으로부터 타자화된 나와 너를 이해하고 사랑하는 능력이다. 십자가는 도저히 좁힐 수 없는 나와 너의 간극에 온몸으로 다리를 놓는 '사건'이다. 그래서 '나'는 '너'가 될 수 있고 '너'는 '나'가 될 수 있다. 내가 네가 될 수 있다는 것은 너의 아픔과 고통 속으로 들어갈 수 있다는 뜻이다. 타인의 고통 속으로 들어가 보지 못한 사람은 함부로 하나님, 사랑, 은혜, 소망 같은 말로 자신을 포장하지 말라.

십자가는 '나'를 위해서가 아니라 타자를 위해 놓은 나의 다리다. 타자는 누구인가. 타자란 나와 다른 종족이 아니다. 타자란 나를 공격할 수 있고, 나의 이익을 잠식할 수 있는 적이 아니라 내 밖에 있는 나다. 그리고 그 나는 나를 나답게 하는 또 다른 나다.

타인의 고통에 눈물 흘려보지 못한 사람은 사랑을 말해서는 안 된다. 고통받는 타인에게 다가가보지 못한 사람은 구원을 말해서는 안 된다. 사랑은 타인의 고통에 대한 이해로부터 시작되며 구원은 고통받는 타인의 간절함에 반응할 때 완성된다. 사랑과 구원은 예수님으로부터, '타인의 고통에 참여하신' 예수님으로부터 오기 때문이다.

　1세기 가락국이 기독교 국가였다고 주장하는 사람들이 있다. 내용을 보니 흥미는 가는데 뭔가 냄새가 나는 것 같아 관심을 두고 내용을 파 보기로 했다. 원래 나는 이런 일에 참을성이 부족한 사람이다. 나는 이 주장의 뿌리와 배경을 찾아보았다.

　이것을 처음 주장한 사람은 대구에 있는 조국현 목사다. 그는 한신대기독교장로회, 워싱턴 칼리지를 졸업했고 지금은 대구 〈말씀교회〉 담임목사로 있다. 2009년에 '허왕후 스토리텔링' 관광 가이드북과 『가락국기해설』, 『1세기 가야는 기독교 국가였다』를 썼다. 1988년부터 '1세기 가락국은 기독교 국가' 였다고 주장하면서 지역교회에 순회 세미나까지 열고 다녔다. 급기야는 자신이 시무하는 교회 건물의 한 층을 빌어 도마박물관까지 만들었다. 1세기 가락국이 기독교국가였다는 주장의 주요 근거는 다음과 같다.

1. 김수로 왕릉에 있는 쌍어문은 오병이어의 기적을 상징함.(이는 고
고학자 서울대 김병모 교수가 쓴『허황옥 루트:인도에서 가야까지』를 근거로 한다.)

2. 경북 영주에 마애불이 있는데 그 불상의 상단에 히브리어로 '도
마타우 멤'이라 써있고 하단에는 '지전행땅끝까지 이르다'이라는 예서
체 글자가 음각되었음.

3. 가야의 고대 유물 가운데 상당부분이 성찬을 위해 사용된 성찬
기였음.

4. 구지가는 찬송가신을 부르는 노래였음.

5. 김수로와 허황옥의 결혼은 하나님의 계시로 된 것임.

그런데 그가 주장하는 것들의 근거들을 보면 학문적 논리와 기반
이 매우 약하다. 나는 그가 내세우는 주요 근거들을 찾아서 김병모 교
수의 책『허황옥 루트:인도에서 가야까지』을 읽고 김해와 영주를 직접 다녀
왔다.

그런데 김병모 교수는 책에서 쌍어문이 발견된 지역을 고고학적
탐사를 통해 그것이 바빌론으로부터 유래하여 팔레스틴을 거쳐 동북
아시아로 확산되는 문화 전파 루트를 설명하였다. 그 책의 주제는 쌍
어신앙이 고대 근동에서부터 동북아시아로 전이되는 문화 전파 루트
를 밝히는 것이었다. 그는 책에서 예수님의 오병이어 기적도 바빌론
의 쌍어신앙으로부터 전수받은 신화적 사건이라고 주장한다. 하지만,
조국현 목사는 그 내용은 쏙 빼버리고 자기가 주장하고 싶은 것만 취
사선택하여 편집하였다.

그리고 도마의 상이라고 주장하는 경북 영주의 암각화에 나타난 글자는 그것이 히브리어라고 단정할 수 없다. 글자가 네모꼴로 되어 있어 히브리어 형태는 가졌지만 그것만으로 그것이 히브리어라고 단정할 수는 없을 뿐 아니라 '도마타우 멤' 라는 글자의 형태를 알아볼 수 없다. 또 아랫부분의 예서체 세 글자는 가운데 글자만 겨우 알아볼 수 있을 뿐 첫째와 셋째는 판독이 불가능하다. 또 구지가가 찬송가라는 주장은 한자의 음과 뜻을 자기 맘대로 해석하여 찬송가에 꿰맞춘 것에 불과하다. 하나님의 계시로 이루어졌다는 김수로와 허황옥의 결혼도 뿌리 없는 민담 수준의 설화에 근거하고 있다.

그가 제일 주요한 근거로 삼는 것은 삼국유사의 '가락국기'다. 하지만, 삼국유사, 특히 가락국기를 읽어본 사람은 알겠지만 이참에 나는 가락국기를 꼼꼼하게 탐독하였다. 가락국기는 이렇게 방대한 논증을 고증할 만한 텍스트가 아니다. 그리고 이러한 설화의 경우 다양한 해석이 가능하다. 설화를 역사적으로 분석하기 위해서는 고증이 필요하다. 그러나 이 사람은 성경을 알레고리로 해석하듯 가락국기를 문학적 알레고리로 해석하여 자기 주장에 꿰어맞추고 있다. 이런 주장은 자기가 말하고 싶고 믿고 싶은 것을 뼈대로 세우고 거기에 주변의 것들을 맘대로 짜깁기 하여 살을 붙이는, 전형적인 사이비 학자의 행태다.

1세기 가락국이 설사 기독교 국가였다 하더라도 그것이 오늘 우리의 신앙과 어떤 관련이 있는가? 신앙은 과거의 역사로 말하는 게 아니라 현재를 사는 우리의 삶으로 말하는 것이다.

그래서 모두 죽었다

한 권의 재미 있는 책과 두 편의 의미있는 영화를 보았다. 그 첫 번째가 『김대식의 빅퀘스천』이고, 두 번째가 영화 「Her」와 「Ex Machina」다. 첫 번째 책을 쓴 김대식 교수는 독일의 학문적 풍토에서 성장하여 '뇌과학'으로 학위를 받고 MIT에서 박사후Postdoc를 한 사람이다. 그런데 그의 패러다임은 인문학에 가깝다. 오히려 인문학의 테두리 안에서 자연과학과 공학을 다루고 있는 느낌이 들 정도다.

그리고 영화 「Her」와 「Ex Machina」는 인공지능의 세계를 다루고 있다. 두 영화는 인공지능이 독립적으로 진화하게 될 때 나타날 수 있는 문제를 건드리고 있다. 특히 「Her」에서는 인공지능이 인간의 지능보다 더 뛰어나게 되는Hyper Intelligent 상황에서 인간의 자기 정체성에 대한 점검을 요구한다. 그런데 SF적인 사건을 조용한 감성으로 이야기하며 한 편의 우아한 멜로드라마로 편집한 것은 놀라운 일이다. 하지만, 영화의 완성도와 무관하게 인간 존재에 대한 질문을 이 세 개의 서로 다른 작품들이 던지고 있다.

그동안 신학과 철학이 담당해 왔던 '인간이란 무엇인가', '신은 무엇인가', '우리는 왜 사는가' 등과 같은 근원적인 질문을 과학에서 논하고 있다. 그 중에 요즘 며칠 동안 주목한 '뇌과학'과 '인공지능'의 영역은 신학적 영역에 이미 깊숙이 들어와 있다. 물론 그것이 신학에서 전통적으로 말하는 신론이나 인간론을 옹호하지는 않지만, 전통적으로 신학이 점유해 왔던 사유와 질문들에 대한 주도권을 빼앗고 있는 것만은 분명하다.

신학은 지난 2천 년 동안 인간 문제에 답변하는 자리에 있었다. 전통사회에서는 답변하는 자리에 권위가 있었다. 하지만, 지금은 질문하는 자리에 권위가 주어지고 있는 양상이다. 답변하는 자리는 가르치기 위해 타자를 권위적으로 대한다. 현대사회는 그 권위에 반항하고 있다.

하나님과 세계는 연역적인 관계다. 하지만, 세속사회가 세계를 이해하는 방식은 귀납적이다. 구체적인 사건과 경험을 통해 거대 담론을 만들고 그것으로 세계를 이해하려 한다. 진리는 없고 개별적인 사건이나 사물에 진실이 있다고 믿는 경향이 매우 강해졌다. 근대적인 학교교육은 자연과학적인 방법으로 진실에 접근하고 이해할 수 있는 귀납적인 패러다임을 주입했다. 그러므로 기존의 기독교적 패러다임과 상당한 거리를 가질 수밖에 없고 교회의 권위가 낮아질 수밖에 없는 것이다.

교회의 권위는 세속사회의 윤리와 도덕에서 멀리 떨어진, 성스러운 곳에 있는 게 아니다. 오히려 세속 안에 있으면서 세속과 다른 가치를 가질 때 빛을 발하며 권위가 인정되는 것이다. 그러나 우리는 오히려 세속사회와 자연과학의 패러다임에 동조하면서 그것들과 동일화되었다. 변별성은 없어지고 권위는 붕괴되었다. 자신과 다른 담론이 등장하면 중세적인 권위로 그것을 죄악시하고 적대하기 바쁘다. 권위적이고 보수적인 목회자들은 순진한 교인들을 적대감과 혐오감이 난무하는 전위전선으로 내몬다. 날마다 울려대는 카톡의 퍼나르기 메시지로 하나님의 이름으로 "대적하라, 혐오하라, 증오하라"고 강요한다.

그래서 과학자연과학, 사회과학은 다시 질문한다. '나는 누구인가?', '우리는 누구인가?', '세계는 무엇인가?', 그리고 '기독교인 당신들은 누구인가?' 라고. 이 질문은 신학적 답변에 대한 거부이며 도전이다. 기성 교회들은 새로운 신학적 담론을 마주보려 하지 않는다. 중세적 권위 안에서 담장 밖을 내다보며 가만히 있으라 한다. 대화를 거부하며 무조건 가만히 있으라 한다. 세월호가 침몰할 때도 가만히 있으라 했다.

그래서 모두 죽었다.

중고등부 아이들을 데리고 수련회에 참석했다. 요즘은 교회 밖에서 이런 프로그램을 기획하여 돈을 받고 대행하는 단체들이 많이 생겼다. 속칭 무슨무슨 성령집회 하는 식의 타이틀이 붙은 이런 집회는 자체적으로 행사를 소화할 수 없는 교회들이 주 소비층이다. 또 특정한 목적으로 위탁하는 경우가 많다. 그런데 이런 집회를 기획하는 사람들은 대부분 보수적인 단체나 사람들이다. 보수적인 것을 부정하는 게 아니라 그들의 교육적 방법에 대해 신뢰할 수 없다는 데 내 인식이 닿아 있는 것이다.

그들은 대부분 열광적인 성령집회를 기획한다. 하지만, 나는 이런 열광적인 성령집회보다 사유하는 신앙, 삶을 통찰하고 하나님의 의로서는 신앙을 아이들에게 교육해 왔다. 우리교회 아이들은 모두가 나를 통해 신앙의 첫 발을 내디뎠기 때문에 좋든 싫든 내 칼라에 맞춰져 왔다.

하지만, 이 아이들을 평생 내가 품고 살 수는 없다. 성장하면서 학교와 직장 때문에 내 품을 떠나 낯선 교회와 목회자를 만날 것이다. 우리와 다른 칼라를 가진 신앙공동체를 만났을 때, 또 나와 다른 칼라를 가진 목회자를 만났을 때 아이들이 당황하거나 상처 입지 않게 해야 한다는 생각으로 아이들을 이 낯선 문화 속으로 밀어 넣었다. 일종의 예방주사를 놓으려는 셈이다.

그리고 두번째 이유는 이러한 집회문화에서 내가 너무 멀리 떨어져 살아왔기 때문에 혹시 새롭게 바뀌었을 집회문화 속에 나 스스로를 밀어 넣은 것이다. 일종의 탐색하기다.

하지만, 상당히 충격적이었다. 내가 학생 시절에 경험했던 집회와 하나도 달라진 게 없었기 때문이다. 벌써 삼십 년이 넘는 세월이 흘렀는데 말이다. 너무 익숙한 집회였다. 다만 바뀐 것이 있다면 화려한 무대와 음향, 그리고 조명, 엔터테인먼트적인 요소가 지배하고 있다는 것이다.

이 집회를 한마디로 정의하자면 종교엔터테인먼트다. 감성을 자극하는 현란한 무대는 대중을 열광시키기에 적합해 보인다. 인도자는 자신의 열광적 제스처를 카리스마로 착각한 듯 청중을 제압한다. 맥락도 없는 회개를 강요하는가 하면 청중과 자신을 이분법적으로 나누어 타자화시킨다. 이것은 군사문화의 찌꺼기이며 유교적 권위질서의 음울한 그림자 아닌가.

강사들의 설교는 청중의 나이와 그들의 삶의 정황과 무관하게 자기도취에 빠져있다. 강사들은 청소년이라는 특수한 대상과 그들의 정서를 전혀 고려하지 않는다. 그들은 이름만 대면 알 수 있는 대형교회 목사이거나 CCM 가수들이다. 그들의 설교는 신학적 고민도 없이 자기 신앙 경험만 나열하며 그 경험에 공감하기를 강요한다.

찬양 인도자는 청중의 감성을 터치하여 열광에 빠지게 한다. 기도 인도자는 텍스트도 없고 맥락도 없는 상투적인 멘트를 남발하며 샤우팅을 강요한다. 테마와 각각의 콘텐츠가 연결되지 않고 따로 논다.

이벤트를 위한 시스템과 테크닉에 치중하여 가장 중요한 메시지를 잃어버린 것이다. 이 조직에 기획자가 없다는 것을 한 눈에 알 수 있다. 연장 들고 설쳐대는 잡부들만 있다는 얘기다. 전체를 조망하고 설계하는 기획자가 없을 때 나타나는 조악한 이벤트가 이렇다.

그런데도 아이들이 뜨겁게 찬양하고 기도한다면, 그것이 성령의 역사에 의한 것인지 대중심리의 흐름에 편승된 감정의 폭발 때문인지를 냉정하게 살펴야 한다. 그것은 지도자의 몫이고 그 몫을 감당할 수 있는 지혜가 있을 때 지도자로서의 자격이 주어지는 것이다.

나는 나와 다른 견해를 가지고 있거나 나와 다른 칼라의 신앙을 가진 사람들을 탓하는 것이 아니다. 다만 내가 불편하게 생각하는 것은 신앙교육, 그렇다 '교육'이다. 이들은 아직 교육을 받아야 할 청소년이라는 데 내 고민이 있다. 그렇기 때문에 청중의 입장과 상황에 맞게 콘텐츠를 개발하고 메시지를 전하기 위해 최소한의 노력을 해야 한다. 그것은 신앙관념과 무관하게 청소년 지도자가 갖추어야 할 윤리다. 그것이 없으면 메시지는 증발하고 이벤트만 남는다. 메시지 없는 이벤트를 통해 우리가 얻을 수 있는 것은 뜨거운 감성과 열광 이외에 무엇이겠는가.

가장 작은 것과 가장 큰 것

　돌턴J. Dalton은 1808년 더 이상 쪼갤 수 없는 최소 단위의 물질을 발견했다. 그것은 뉴턴이 만유인력을 발견한 것만큼이나 획기적인 사건이었다. 그런데 돌턴은 그것의 이름을 '아톰Atom, 原子' 이라고 했다.

　더 이상 나눌 수 없는 최후의 그것, 완전한 하나, 순수한 원형 같은 철학적 개념이 아톰원자이라는 단어에 담겨 있다. 기원전 4세기의 그리스 철학자 데모크리토스가 정초한 이 개념은 2천 년이 넘는 세월동안 인간의 의식에 살아있었다. 이것은 물리학적인 개념이 아니라 철학적인 개념이었다. 세상의 수많은 사물들은 최소단위의 원자로 구성된 것이라는 인식은 분리되고 나눌 수 없는 원형, 즉 사물과 세계의 본질에 관한 물음으로부터 시작되었다.

　이런 자연철학의 물음은 기원후 3세기에 신플라톤주의로까지 이어졌는데 플로티노스는 그것을 일자一者, hen라고 하였다. 그것은 세계의 모든 것이 출발한 근원적이고 초월적인 절대 원형을 일컫는 말이었다.

그런데 세계의 근원에 대한 이해와 탐구는 현실에 대한 불만족으로부터 기원한다. 플라톤이 이데아를 실제 세계로 이해한 것도 불완전하고 불확실한 현상 세계를 받아들일 수 없었기 때문이었다. 세계의 모든 것들은 부서지거나 노화되거나 사멸死滅한다. 이런 세계에 존재하는 인간이 불완전함에 대해 불만을 갖는 것은 완전성을 동경하기 때문이다. 인간은 불완전하기 때문에 완전함을 추구한다. 하지만, 역으로 생각해 보면 완전함에 대한 이해가 우리 안에 이미 있었기 때문에 불완전성에 대한 인식이 가능하다.

신앙은 바로 인간의 이러한 불완전성에서 출발하여 완전성을 향해 가는 여정인지도 모른다. 신앙은 인간 자신의 불완전성에 대한 인식이면서 완전해지고 싶은 욕구이기도 하다. 그래서 인간은 더 이상 나눌 수 없는 최소 단위의 입자를 향해 인식의 칼끝을 겨누어왔던 것이다. 더 이상 나눌 수 없는 최소 입자는 분리와 파괴, 소멸의 과정을 거치지 않아도 되는 물질이기 때문이다.

분리와 분열은 인간의 육체가 맞이하는 불행한 사건이다. 인간은 최종적으로 죽음을 통해 육체가 분열되고 정신이 육체로부터 분리되는 경험을 한다. 죽음은 존재를 무無로 전락시키기 때문에 불행하다. 죽음은 곧 무無이다. 자기 존재를 잃어버리는 것이 인간에게는 고통이다. 그러므로 영원히 분열되지 않고 존재성을 잃어버리지 않는 아톰은 가장 작은 단위의 물질에 영원한 시간을 압축하여 넣으려는 인간의 존재의식이 낳은 것이다.

그러므로 아톰은 세계의 원형으로써의 최소단위이며 전 우주다. 고대의 철학자나 현대의 물리학자는 가장 작은 것을 통해 전 우주로 보고자 한다. 영원히 살고 싶은 욕망, 영원히 존재하고 싶은 열망의 유전자는 영원의 시간을 살았던 최초의 인간으로부터 온 것이다. 분리와 분열을 고통과 불행으로 여기는 유전자에는 에덴으로부터 추방당하던 아담과 하와의 공포감이 내재되어 있는 것은 아닐까.

사람들은 자기 자신이 죽음으로 분열되는 것을 원치 않는다. 흔적도 없이 사라지는 것을 원치 않는다. 그러한 열망이 영원에 대한 감수성으로 나타나는데, 그것이 바로 신앙이다.

예수님이 '나' 한 사람을 위해 십자가에 못박혔다는 사실과 전 인류를 위한 구원의 계획을 성취하기 위해 못박혔다는 사실은 양가성兩價性을 갖지 않는다. 가장 작은 것을 사랑하는 것과 가장 큰 것을 사랑하는 것이 켤코 다르지 않다는 생각, 사랑 때문에 순종하고 겸손해져야 하지만, 사랑 때문에 분노하고 저항해야 한다는 생각 역시 양가성兩價性을 갖지 않는다. 하나님의 생각과 논리는 사람의 이성을 초월한다. 우리의 이성에 반하여 나타나는 진실을 역설paradox이라 한다.

역설로 보면 가장 작은 것과 가장 큰 것은 대립되는 개념이 아니라 하나의 개념이다. 나와 우리는 대립하는 개념이 아니라 하나의 개념이다. 사랑과 분노 역시 하나의 개념이다. 진정으로 누군가를 사랑하는 사람은 그 누군가에게 가해지는 위협이나 공포에 대해서 분노하고 대항할 수 있어야 하기 때문이다.

우리는 언제쯤 물이 될 수 있을까

2016년에 가수 밥 딜런Bob Dylan이 노벨문학상 수상자로 선정된 데 대해 문학계 일각에서 당혹감을 감추지 못하였다. 대중가수의 노래 가사가 과연 문학이 될 수 있는가에 대해 회의적인 시선을 보낸 것이다.

문학은 장구한 구술口述의 시대를 거쳐 특수한 계층이 만들어낸 문자 시대의 산물이다. 최초의 문자는 종교적 기원을 갖는다. 그런데 이 문자는 인쇄술을 통해 권력정치, 종교으로부터 인간을 해방시켰고 잠자는 민중을 일깨워왔다. 따라서 이제 문학은 문자문화의 초기 형태에서 나타났던 특수한 종교적 지배양식이나 정치 지배양식으로부터 일상적인 생활양식으로 전환되었다.

하지만, 문자는 소통 기능을 넘어 미학적인 차원에서 다양한 변주를 하게 되었는데 그것이 바로 문학이다. 러시아 형식주의자들은 '낯설게 하기'라는 다소 낯선 표현을 통해 문자문학의 기능을 설명하려고 하였다. 일상의 소통을 전제로 한 기능적 언어와 문학적 언어가 다

른 이유를 엿볼 수 있는 대목이다

　스위스 한림원은 밥 딜런을 노벨문학상 수상자로 선정한 이유를 그의 노래 가사에 나타난 높은 문학성에 두었다. 하지만, 노래 가사가 아무리 문학성이 높다 해도 본격문학의 높은 예술성과 정신을 온전히 구현할 수는 없다고 생각하는 게 밥 딜런의 노벨문학상에 대해 회의하는 문학계의 인식이다.

　하지만, 최초의 문자가 인류사회에 등장한 것은 겨우 6천 년 정도다. 그리고 그것이 문학이라는 이름으로 등장한 시기를 호메로스의 『일리아스』와 『오딧세이』를 그 시작으로 본다면 문학의 역사는 겨우 2천7백 년 내외 정도다. 그 기간 동안 소수의 교육받은 문자 엘리트들이 문학이라는 이름으로 문자를 권력화시키고 그 권위를 독점적으로 누려왔다.

　밥 딜런의 노벨상 수상에 문학계가 당혹스러워하는 이유는 그것을 자기 권위에 대한 도전으로 인식하고 있기 때문이다. 문자언어의 권력과 권위를 독점적으로 향유하던, 문학에 대한 도전으로 인식하고 있는 것이다. 여기에는 문학의 본류가 심각하게 위협받고 있다는 생각이 강하게 작용하고 있다. 어쩌면 문학계는 밥 딜런의 노벨상 수상을 자기 권력에 대한 탄핵으로 인식하고 있는지도 모른다.

　하지만, 역사는 흐르는 것이고 변화하는 것이다. 문자언어가 인간의 정신을 영원히 지배할 수는 없다. 새로운 미디어가 등장하고 인간의 정신을 표현하는 다양한 장르가 공존하며 진화하고 있기 때문이다. 문자언어를 기반으로 하는 문학도 다양한 예술 장르 중 하나일 뿐이고 그것은 다른 장르와 결합하며 해체되고 또 다른 모습으로 부활하기도 한다. 그런 의미에서 고암 이응노 화백의 '문자추상'과 백남준 선생의 설치미술에 나타난 문자 소재들은 우리가 깊이 들여다봐야 할 것들이다.

노자老子는 『도덕경道德經』 8장에서 '상선약수上善若水'라고 말했다. 최고의 형태는 물과 같다는 뜻이다. 물은 스며들고 분열되며 증발하는 등 자기 형태를 고집하지 않고 주변의 다른 형태에 자기를 맞추어간다. 하지만, 자기의 고유한 성질은 바꾸지 않는다. 예술도 이와 같아야 하지 않을까?

문학은 도전받거나 탄핵당한 게 아니라 새로운 장르와 만나서 변신하는 중이다. 세상의 모든 예술은 물이다. 문학도 그러하다. 아니 덧붙여 말하면 신학도 그러하다. 지금은 삼위일체 교리가 절대적으로 신봉되지만, 그것은 주후 325년에야 와서야 공인된다. 지금의 도그마로 보면 삼위일체를 모르거나 신봉하지 않았던 초대교회는 모두 이단이다.

언젠가 낯모르는 젊은 사람에게 전화가 왔다. "구원받으셨습니까?" "예수님을 영접하셨습니까?"라고 다짜고짜 묻고 따지고 든다. 나와 교제하고 싶은데 자기 말에 답하면 자기와 교제할 수 있는 특권을 주겠다는 투였다. 첫마디에서 어떤 집단인지 감이 왔다. 자기들이 믿는 신조에 따르지 않으면 다 사단의 자식이라는 전제로부터 출발하는 이 젊은이의 폭력적인 화법에서 나는 나의 자화상을 보는 것 같았다. 우리는 언제쯤 물이 될 수 있을까.

에세이는 저항이다

근대 이후 글쓰기 권력은 '논문'이 장악했다. 하지만, 논문은 연구 결과나 업적을 체계적으로 기술한 것이라는 사전적 의미 이외에도 자연과학적 실증주의의 지배를 받는 글쓰기라는 점에서 그다지 매력적이지 않다.

소위 근대적인 학문을 통해 학자로서의 자격과 권위를 인정받는 최종적인 단계가 논문이라는 점에서 논문은 지식 권력의 메커니즘 안에 있다. 논문은 학문적 권위와 지식 권력을 독점하기 위해 통과해야 할 검색대인 것이다.

그래서 무슨 사안이 발생하면 언론은 대학교수라는 사람들을 초빙해서 '전문가의 견해', 또는 '진단'이라는 명분으로 그들의 견해를 듣는다. 연구와 논문쓰기를 통해 검증된 사람들만이 전문성을 가지고 있고 그들의 견해와 진단이 진실한 것이라는 인식이 합리성을 지배하고 있는 것이다. 하지만, 이것은 합리성의 비합리성이다.

최순실이 진실하다고 믿는 사안에 대해 아무 의심없이 받아들인 박근혜처럼 우리는 모두 논문이라는 검색대를 통과한 학자, 교수라는 사람들의 말을 진실한 것으로 받아들이도록 강제당하고 있다. 그래서 이명박 정부가 4대강 사업을 벌일 때 관련 분야의 대학교수들을 언론에 출연시켜 거짓을 진실로 위장했다.

하지만, 진실을 아는 데는 많은 지식이나 학문이 필요치 않다. 정상적인 사유를 할 수 있는 보통 사람이라면 누구나 진실과 대면할 수 있다. 흐르는 강물을 막으면 썩게 된다는 사실은 많은 지식이나 복잡한 설명 없이 보통 사람의 상식만으로도 이해할 수 있는 진실이다. 그것을 굳이 학자나 교수라는 사람들의 장황한 설명을 통해 알 수 있는 것은 아니다.

인류가 오랫동안 유지하며 인간 정신의 지평을 열었던 에세이는 이제 차갑고 기계적인 글쓰기, 즉 논문의 권력에 자리를 내 주었다. 이런 결과는 대중을 읽기와 쓰기로부터 격리시키고 말았다. 대중을 글에 대해서 수동적으로 만들었다. 말과 글에 수동적인 대중은 수동적인 사유를 할 수밖에 없고 부조리한 지배권력에 대해서도 수동적일 수밖에 없다. 그래서 에세이가 사라지고 논문이 지배하는 시대의 대중은 통제당하고 조종당하기 쉽다.

나는 논문과 에세이를 다음과 같이 비교한다.

논문이 저수지라면 에세이는 흐르는 대하장강大河長江이다. 논문이 알을 낳는 암탉이라면 에세이는 수천 마리의 암탉을 사육하는 농부다. 논문이 얼음이라면 에세이는 물이다. 논문이 신전이라면 에세이는 광장이다. 신전이 특정 사제들만 드나들 수 있는 공간이라면 광장은 누구든지 나와서 손을 잡거나 이야기를 나눌 수 있는 곳이기 때문이다. 논문은 특정한 사람만이 쓸 수 있는 것이라면 에세이는 누구나 쓸 수 있는 것이다.

논문이 누군가에 의해 확인된 사실이나 과학적인 연구결과 등의 외부 지식에 구속되는 말하기라면 에세이는 자신의 관점과 주체성으로 자유롭게 말하는 방식이다. 사람은 누구든 자기의 생각을 자유롭게 말할 수 있어야 한다. 자기의 견해와 다른 입장에 서서 말하는 걸 용인해야 한다.

과학적 방법이 진실이 될 수는 없다. 그런데도 과학이 진리가 되고 과학적 방법이 진실한 것이라고 가르치는, 근대 학문이 생산하는 지식과 정보를 진리로 규정하려 한다. 논문 검색대를 통과한 사람들의 생각이다. 다시 말하건대 진실을 아는 데는 많은 지식이나 정보를 필요로 하지 않는다. 보통 사람의 상식으로 이해하면 된다.

그래서 나는 에세이를 쓴다. 에세이는 경직된 지성과 규범화된 사회에 대한 저항이다.

4부
폭력의 과잉 섭취

Apple과 제의, 혹은 최첨단 원시시대

3년 전에 구입한 맥북pro을 아들에게 빼앗겼다. 아들이 음악을 하는 관계로 맥북 시스템에 홀딱 반해버려서 아예 제 것처럼 사용하는 바람에 글쓰기 작업을 할 수 없어 그냥 주어버렸다. 그리고 노트북을 새로 장만하려고 기웃거리는데 아무리 돌아봐도 맥북만한 게 없다. 그래서 아직 들어오지도 않은 원고료를 선불로 땡겨 맥북Air을 사려고 매장을 찾았다.

그런데 새 제품을 개봉하는 과정에서 매장 직원의 태도가 살 돈을 정도로 엄숙하다. 마치 제사장이 제의를 행하는 것처럼 엄숙하고 경건하다. 포장 비닐에 칼끝을 찌르는 동작을 시연한 뒤 나에게 첫 개봉의 짜릿함을 느끼도록 칼끝을 건네준다. 부팅 버튼을 처음으로 누를 기회를 준다. 박스와 커버를 벗기고 암호를 설정하는 과정들은 마치 제주祭主가 술을 따르는 것처럼 엄숙하고 숙연하다.

나도 모르게 그 분위기에 압도되어 맥북에 대한 경외감 같은 게 엄습해왔다. 애플 제품을 그동안 수차례 구매한 경험이 있지만 그때마다 서로 다른 매장의 점원들은 동일한 태도와 방법으로 물건을 판매하였다. 그래서 이러한 태도는 애플의 세일즈 매뉴얼에 기초하고 있다는 것을 알 수 있었다. 아이폰을 처음 구입할 때도 아이패드를 살 때도 같은 경험을 했는데 매번 새로운 느낌이 든다.

루마니아의 비교종교학자 엘리아데Mircea Eliade는 인간사에 반복 재현되는 축제와 제의祭儀들을 태초의 거룩한 시간으로의 회귀로 보았다. 인간 안에 잠재된 거룩한 시간의식이 축제와 제의를 통해 나타난다는 것이다. 하지만, 현대사회는 기계와 물신주의로 인해 이러한 시간의식과 거룩성을 상실하고 말았다.

기계와 제의, 현대와 고대가 동과 서 만큼이나 멀어진 시대에 애플은 이 두 세계를 결합시켜놓았다. 차가운 기계에 원시성과 풍만한 인간의 상상력의 문을 열어놓고 있는 것이다. 애플은 기계를 만든 게 아니라 개념을 만들었다. 이것은 패티시즘Fetishism이다. 사물에 인간의 경외감정을 불어넣어 그것을 숭배하는 원시신앙의 한 형태가 최첨단 IT시대에도 사라지지 않고 있는 것이다.

그러고 보면 보드리야르가 자본주의의 물성에서 일종의 종교성을 본 것은 탁견이었다. 우리는 최첨단 원시시대를 살고 있는 것이다. 애플의 경영진은 역시 영리한 사람들이다. 제품을 대하는 말단 사원들을 제사장으로 교육시켜 제품에 신성을 불어넣는 제의 행위를 하게 하였으니 말이다.

삼성이 기계를 만드는 데 시간과 자본을 투자할 때 애플은 제의를 행하고 있던 것이다. 삼성이 돈을 벌기 위해 노력할 때 애플은 신도를 만들기 위해 노력하고 있었던 것이다.

　　김어준이 진행하는 팟캐스트 〈파파이스 papais〉의 제목을 생각할 때마다 그의 언어적 감각과 비범함에 놀라곤 한다.

　　파파이스는 미국의 유명한 치킨 패스트푸드 회사 이름이다. 정식 명칭은 〈popeyes chicken & biscuits〉이다. 눈이 휘둥그래질 정도로 맛있는 치킨과 비스킷이란 뜻이다. 이 브랜드는 그냥 파파이스로 불리기도 한다.

　　김어준은 이 브랜드가 치킨 전문업체라는 데 착안하여 박근혜 대통령의 별명인 닭치킨과 상치시킨다. 그리고 파파이스popeyes의 음가를 빌어 다른 기의를 파생시킨다. papais, 즉 papa is라는 의미로. 정신적으로 미숙한 어린애가 아빠를 부르는 말전여옥은 박근혜의 말하기를 baby talk라고 하였다로 치환시킨 것이다. 또 역사적으로 평가가 끝난(?) 아버지 박정희가 박근혜에게 어떠한 존재인가에 대해 유추하게 함으로써 그녀의 저급한 정신을 조롱하기도 한다.

언젠가 김어준은 "박근혜에게 있어 정치란 아버지에 대한 제사"라고 말한 적이 있다. 독재자로 지탄받는 아버지에 대한 명예 회복은 물론 아버지의 나라와 아버지의 백성을 자신의 손으로 탈취하여 아버지의 제삿상에 올려드리는 것이란 뜻이다.

그러한 박근혜의 정치의식과 생각의 차원을 김어준은 정확하게 꿰뚫어봤고 그것을 기호학적으로 조롱하고 풍자한 것이다. 그는 말을 능란하게 다룰 줄 아는 사람이다. 언어의 기호체계와 사물의 질서를 마구 흩트려 놓고 새로운 기의를 파생시켜 기존의 언어체계와 정치질서의 폭력성을 조롱하고 풍자한다.

이런 고차원적인 언어유희는 고대사회에서 권력자와 날카롭게 대립하며 진실과 정의를 위해 싸웠던 야인들에게도 있었다. 후대인들은 그들을 예언자, 선지자라고 부른다.

만약 김어준 식의 어법이나 풍자가 불편하다면 당신은 이미 부패한 권력의 편이라는 것을 의심하지 않아도 된다.

성스러움과 속됨

 시골 초등학교 졸업식 풍경이다. 10명의 졸업생이 검은 가운을 입고 학사모를 썼다. 전교생이라야 50명 조금 넘는 두메마을 초등학교다. 올해 졸업생은 10명, 두 자릿수 학급이 올해 졸업하는 아이들이 마지막이라고 한다. 하지만, 졸업식 풍경만큼은 어디나 똑같다. 아쉬움과 기쁨의 감정이 교차하는 게 모든 학교 졸업식장의 정서이고 풍경이다. 그리고 지루하게 이어지는 교장선생님의 훈화와 교육관련 단체장, 동문회장 등의 축사들도 여전하다. 아이들은 이 시간이 지루해 몸을 비비 꼬거나 옆 친구와 귓속말을 하다가 제지를 당하기도 한다.

그런데 상장이 소나기처럼 쏟아진다. 상을 받는 학생보다 주는 기관이나 단체가 몇 배는 많다. 아이들은 상을 받기 위해 강단 위를 다리 아프게 오르내리고 있다. 이 수상의 행열이 반복되니 아이들도 하객들도 식상한 느낌을 받는 것 같다. 아이들 앞에는 상장이 수북하게

쌓인다. 이쯤 되니 상이 아니라 쌓이는 낙엽이 되는 것 같다. 보는 이도 질려버릴 정도로 반복되는 수상 행렬을 인내심을 가지고 지켜보는 하객보다 머리를 숙이고 휴대폰에 열중하는 하객이 더 많다.

변별성이 사라지고 그로 인해 품위를 잃은 상은 이미 상이 아니다. 베트남 전쟁에서 살아남은 군인에게 공훈과 무관하게 뿌려지던 훈장과 5공화국 시절 남발됐던 훈장이 떠오른다. 상이 품위를 잃을 때 상을 주는 사람도 받는 사람도 의미와 가치를 잊어버리게 된다. 상이 품위를 잃는 주된 이유는 자기 명예나 이름을 드러내기 위해 시상자가 통속적으로 몰려들 때다.

이럴 때 학사모와 상장에는 정치적 이데올로기와 함께 신화가 작동한다. 이것은 엘리아데Mircea Eliade가 말한 성스러움으로의 회귀이다. 인류는 신년 의례와 축제를 통해 최초의 시간, 즉 원형의 상태로 복귀하려 한다고 엘리아데는 신화를 분석했다. 모든 축제에는 이러한 회귀의식이 잠재되었다고 그는 이해한다. 졸업식도 하나의 과정을 마치고 상급 과정으로 도약하는 단계라는 측면에서 축제나 제의적 퍼포먼스라고 볼 수 있다. 이런 제의축제는 잃어버린 근원에 대한 향수를 자극하고 훼손되지 않은 근원의 성스러움으로 우리를 안내한다. 엘리아데에 따르면 학사모와 상장, 학위 수여와 같은 유니폼이나 퍼포먼스도 신화적 원형으로 복귀하려는 인간의 무의식을 의례화한 것이다.

그런데 이 성스러움의 의례가 지루하고 속되게 느껴진다. 그것은 제의적 기능을 이데올로기적 기능이 압도했기 때문이다. 제사에는 관심이 없고 젯밥에만 눈독 들이는 사람들이 무대를 장악했기 때문이다. 알량한 금액을 장학금으로 기탁하면서 자기 명함을 뿌리는 정치 지망생이나 지역 유지들, 촌스러운 직함들로 빼곡히 채운 졸부들이 이 제의의 주인공으로 등장하는 순간 졸업식은 통속적인 권력의 유희로 전락해버리고 만다.

제의예배는 존재의 근원이신 지존자와 훼손되지 않은 순결한 그의 영역으로 돌아가 합일하려는 인간의 근원적인 회귀의식으로부터 시작된다. 졸업이 또 다른 시작이라는 측면에서 그것에도 역시 회귀의식이 내재되어 있기 때문이다. 이 성스러운 제의에 때묻은 발을 음흉하게 들이미는 사람들이 있어 아이들의 기쁘고 즐거운 자리가 지루하고 속된 자리로 전락해 버리고 말았다.

종교도 이데올로기화되면 진정성을 잃고 지루한 상투성의 의례에 갇히게 된다.

빨강, 그리고 맥락

영어의 **Red**를 의미하는 우리말은 참 많다. 붉은, 붉으죽죽한, 불그스름한, 볼그스름한, 벌건, 버얼건, 뻘건, 뻐얼건, 시뻘건, 빨간, 빠알간, 새빨간, 샛빨간……. 유독 형용사와 동사가 발달한 우리말은 한국인의 정서와 사유의 깊이를 보여준다. 그런데 이 다양한 형용사들 사이에서 합성어가 아닌 단일한 명사로 쓰이는 말이 '빨강'이다.

소련과 미국의 냉전 시기에 공산주의에 대한 공포심은 레드컴플렉스Red Complex라는 신조어를 탄생시켰다. 공산주의와 맞서는 미국의 자유주의는 빨간색을 통해 공산주의에 대한 환멸과 공포를 시각화시키는 데 성공하였다. 이 빨강은 두 냉전 주체국의 대리전쟁인 한국전쟁을 거치면서 군사정권의 이데올로기에 의해 악의 상징처럼 여겨졌다. 냉전시대가 끝난 뒤에도 한국에서 보수정권이 연장되었다. 이 과정에서 보수주의자들은 자신과 정치적 노선이 맞지 않는 사람이나 집단을 향해 '빨갱이'라는 말을 남발함으로써 빨강은 저주의 색, 악의 상징처럼 인식되었다.

하지만, 이데올로기를 탈색시켜놓고 보면 이 '빨강'이야말로 대단히 매력적인 말이고 색깔이다. 'ㅃ'과 'ㄱ'의 센 발음을 흐름소리 'ㄹ'과 울림소리 'ㅇ'이 부드럽게 한다. 강한 것과 부드러운 것이 조화를 이루는 음운이다.

'빨강'은 또 태초의 색이기도 하다. 하나님이 태초에 천지를 창조하실 때 맨 처음 "빛이 있으라" 했는데, 이 빛은 불타는 태양, 즉 '빨강'에서 시작되었다. 인류를 구원한 예수님의 피도 빨강이다. 성령의 불도 빨강을 연상케 한다. 빨강은 세계의 기원The beginning을 알리는 색이며 세계와 사물의 존재를 드러내는 색이다.

언어는 단 하나의 고정불변의 지위를 갖지 않는다. 역사적인 사건들과 조우하며 그 의미가 바뀐다. 언어에도 역사성이 있는 것이다. 그래서 언어학에서 그 말단어이 어떻게 시작되었으며 어떻게 변화하는가를 연구하는 분야가 있다. 어원語源을 연구하는 분야Etymology, 지명의 유래를 연구하는 분야Toponomy, 이름의 시조始祖를 연구하는 분야Eponym, 고유명사를 연구하는 분야Onomastics, 속어를 연구하는 분야Slang 등이 있다.

특히 성서학자들은 성경에 사용된 고대 언어가 어떤 맥락에서 쓰였는가를 세밀하게 연구해야 한다. 예를 들어 '사랑'이라는 명사가 구약의 용법과 신약의 용법이 다르며, 신약에서도 사복음서 저자와 바울의 용법이 다르다. 바울이 사용한 같은 단어조차도 상황과 맥락에 따라 그 의미가 다르다. 유사한 의미이지만 시대와 상황에 따라 각기 다른 맥락으로 사용된다. 맥락에 따라 각기 다른 의미나 느낌을 줄 때 그것을 뉘앙스Nuance라고 한다.

예수님의 십자가 사건에서 인류를 위한 구원의 메시지를 읽는 것은 어려운 일이 아니다. 그것은 이미 해석된 것이기 때문이다. 그런데 예수님을 죽음으로 내몰았던 법정의 풍경에서 숨은 그림을 찾아볼 수 있다. 인류 구원의 메시지가 실현되는 과정에서 인간의 추악한 정치적 음모가 보이는 것이다.

산헤드린이 예수님을 빌라도의 법정에 넘겨 고발할 때 가장 큰 죄목이 '유대인의 왕' 이라는 것이었다. 이 관용어는 유대인들에게 정치적인 의미를 갖는다. 식민지 유대에서 로마에 대한 정치적 저항이 계속 있어왔다. 그 저항은 극렬한 군사적 행동으로 나타났고 그때마다 저항군 지도자들은 자신에게 '유대인의 왕' 이라는 칭호를 사용했다. 그러므로 '유대인의 왕' 이라는 말은 로마 황제의 지배체제에 대한 저항군의 수괴라는 뜻이다. 이는 곧 사형을 판결할 수 있는 최상의 유죄 판결 근거였다.

하지만, 예수님은 자신을 하나님의 아들이며 인류 구원을 위한 만왕의 왕이라는 뜻에서 '유대인의 왕' 이라고 말한다. 유대인 대제사장들에게 이것은 신성모독에 해당하는 것이다. 신성모독은 정치적 판결의 대상이 아니다. 그러므로 이들의 마음에는 예수님을 '신성을 모독한 자' 라고 새기고 고소장에는 '반란의 수괴' 라고 적은 것이다.

인류 구원의 역사를 위한 예수님의 뜻을 정치적인 언어로 각색하여 죽음으로 내몬 산헤드린의 정치종교 권력자들의 수법은 오늘날 우리 사회에 '빨강'으로 재현되고 있다.

나는 완고한 채식주의자는 아니지만 채식주의를 지향한다. 현대인의 과다한 육식으로  말미암아 동물의 비인격적 사육과 살육이 이어지고 이것의 끝은 결국 인간 자신에게 향하고 있다는 생각 때문이다. 조류독감AI, 신종플루 Swine flu, 사스SARS 같은 동물 전염병은 가축의 대량 사육체계에서 발생한 것들이다. 운동을 제한하는 좁은 축사에서 방부제와 각종 항생제로 버무려진 사료를 먹고 오직 고깃덩어리를 생산하기 위해 생명을 유지해야 하는 닭, 개, 돼지, 소 들에게서 분노의 질병이 발생하는 것이다. 속성 재배를 위해 비닐하우스에 밤새 백열등을 밝혀 놓아 잠못 드는 채소들에게 엄청난 스트레스가 쌓이는 것과 마찬가지다. 이러한 체계는 학교라고 부르는 인간 사육 시스템으로 확장되고 있다. 어디 그 뿐인가? 신자유주의가 노골적으로 드러내는, 자본에 의한 서열화와 계급화도 육식문화의 산물이다. 육식의 폭력 문화는 급기야 인간 자신에게 칼끝을 겨누고 말았다.

세계 평화를 위해 반전 시위에 깃발을 들고 나가거나 아프리카 난민을 위해 기부금을 보내는 것 못지않게 중요한 일상적 투쟁은 이러한 폭력 구조에서 벗어나는 것이다. 이것의 가장 단순하고 명료한 저항 행위가 육식을 거부하는 것이다. 육식을 생각 없이 즐기게 될 때 우리는 자본 권력이 만들어 놓은 폭력 구조를 용인하고 그에 기생하거나 종속되는 결과를 낳는다. 폭력적 육식문화로부터 나 자신을 해방시키는 일, 그리하여 세계에 사랑과 평화의 지평을 넓혀가는 일이 채식주의가 지향하는 가치다.

하지만, 내가 속한 집단이 나의 가치관과 무관하게 나에게 육식을 강요할 때가 있다. 언젠가 여러 사람과 함께 식당에서 식사할 때가 있었다. 그들은 주저없이 감자탕을 시켰고 나는 아무 말 없이 감자탕 속에 있는 감자와 채소만을 건져먹었다. 모두들 열심히 돼지 등뼈를 빨고 있을 때 나의 조용한 행위가 그들 눈에 쉽게 포착되었던 모양이다. 그들은 나에게 돼지 등뼈를 자꾸 권하였다. 고기를 나누어 먹어야 한다는 동료들의 눈물겨운 분배의식이었다. 나는 조용한 어조로 사양하였다.

그 때 함께 식사하던 두서너 명이 갑자기 튀어나와 나를 이상한 채식주의자로 단정하고 채식주의에 대한 장광설을 늘어놓기 시작하였다. 하지만, 그들이 알고 있는 채식주의는 황수관 박사가 건강을 이유로 권장한 다이어트 요법 중 하나에 불과했다. 그리고 자신들이 잘못 알고 있는 채식주의에 대해 거창한 논평을 한마디씩 쏟아냈다.

인터넷과 스마트폰으로 알게 된 얕은 지식을 가지고 한 사람의 가치관과 생각을 난도질하는 것을 보면서 이것이 IT 시대가 보여주는 경박함이라고 생각했다. 육식은 입으로만 하는 게 아니라 스마트폰과 같은 미디어를 통해 눈으로도 하게 된다는 것을 알게 되었다. 얕은 지식으로 세상을 보고 경박하게 말하고 판단하는 이 폭력 구조를 누가 만들었나.

우리는 입으로, 눈으로 폭력을 과잉 섭취하고 있다. 폭력 체제의 부속물이 되고 있는 것이다. 얕은 생각이 사상을 대신하고 얕은 지식이 지혜를 대신하는 세계, 그리하여 그것이 진실을 왜곡하고 진리를 살해하는 세계, 그 세계가 육식의 세계다.

로마의 황제숭배는 초기 기독교인들에게 상당한 위협이었다. 우상 제의에 차려졌던 고기를 나누어 먹는 행위는 곧 그 제의를 행한 이방 종교에 소속된다는 의미였다. 누구든지 무역을 하려면 상인 길드에 소속되어야 하는데, 그 구성원들은 제사음식을 나누어 먹는 것으로 그 일원임을 증명해야 했다. 그런데 이 제사 음식으로 나온 고기는 제국의 탐욕으로 인한 학살과 탈취의 산물이었다. 우상의 제물에는 광포한 폭력성이 내재되어 있었다. 그래서 우상의 제물을 먹는다는 것은 종교적 배신행위이면서 동시에 폭력적 지배질서에 동조하는 것을 의미했다. 식탁 모임은 제국의 정치이데올로기에 가담한다는 의미였다. 그래서 계시록 저자는 바울에 비해 우상의 제물에 대해 더 민감한 반응을 보인 것이다.

오늘날 사람들은 수많은 식탁모임을 한다. 그런데 그 식탁 모임은 대부분 육류를 섭취하는 것으로 자신들의 결속을 다짐한다. 타자의 생명을 잔혹하게 살해하여 그 살덩이를 아무 죄책감 없이 씹는 행위를 함으로써 자신과 자신의 공동체가 강자임을 확인하는 것이다. 고대의 전쟁문학에 "살을 먹다."는 관용어는 승리에 대한 확신과 적에 대한 적개심의 표현이었다. 전쟁에서 승리한 군사들이 승리의 확신과 기쁨으로 적의 신체를 사냥한 짐승처럼 해체하여 먹는다는 것이다. 과도한 육식문화는 전쟁문화의 산물이고 그것은 승리의 확신에 찬 군사들의 광기가 순화되고 일상화된 것이다. 그러므로 현대사회에 엄청난 규모로 성장한 축산업은 고대사회의 제왕적 지배질서가 현대 시민사회에 합법적으로 수용된 결과물이다.

민주주의와 성숙한 자본주의는 모든 시민을 제왕적 권위에 초청하여 고기를 먹는 자유와 풍요를 선물하였다. 저녁마다 온 나라에 고기 굽는 연기가 그치지 않는다. 모든 시민이 폭력을 과잉섭취하고 있는 것이다. 그래서 육식을 즐기는 모임에서 고기를 먹지 않는 사람에게 이단의 혐의를 씌우는 것이다. 육식은 일상화되고 합법화된 폭력이다. 그 육식으로부터 탐욕과 죄악이 나오고 질병과 죽음이 나온다.

부활절에 만난 사람

브라질이 낳은 20세기 최고의 다큐 사진작가 세바스티앙 살가도의 사진집 'GENESIS'를 읽는다. 내 형편으로 쉽게 살 수 없는 비싼 책이다. 하지만, 분수에 안 맞는 거금을 투척한 이유는 그의 사진에서 내 사유의 궤적을 만날 수 있을 것이라는 기대감 때문이다.

제3세계 노동자들과 분쟁 지역의 난민들을 흑백필름에 담아온 그는 추악한 인간에 대해 괴로워했다. "카메라를 내려놓고 울 때가 더 많았다"는 그의 고백은 지난날의 내 심정을 대변하는 것 같아 깊은 울림을 준다. 인간이라는 존재를 외부에서 바라볼 때 그 내부의 부패와 죄악성에 절망하지 않을 수 없다. 장준환 감독은 그의 불세출의 걸작 영화 〈지구를 지켜라〉에서 백윤식을 통해 다음과 같이 말한다. "같은 종족을 증오하고 학살하는 건 이 세상에서 인간밖에 없어, 너희는 비정상이야. 확실히 미쳤어!"

나의 3,40대 인간에 대한 이해는 딱 이 대사에 머물러 있었다. 엄청난 대량살상무기가 등장한 두 차례의 세계대전, 스페인 내전, 한국전쟁, 베트남전쟁, 보스니아 내전, 근대적 과학기술과 관료적 시스템으로 육백만의 유대인을 학살한 히틀러, 스탈린, 모택동, 폴포트, 이디아민……. 이들 전쟁과 독재자들이 보여준 인간에 대한 참혹한 인상은 인간을 결코 신뢰할 수 없는 존재로 나에게 각인시켰다.

나는 인간의 존재를 몸서리치게 바라보았다. 하지만, 이 고민 끝에서 나는 십자가를 보았다. 막연한 기독교의 상징으로 여기고, 교육된 교리적 시각으로만 바라보던 십자가가 내게 피흘리며 다가왔을 때 나는 그 십자가를 붙잡고 내 몸과 영혼이 다 녹아내리도록 울었다. 처음에는 인간에 대한 분노와 절망 때문에 울었고 그 다음에는 인간에 대한 긍휼 때문에 울었다. 그리고 그럼에도 불구하고 그 인간을 사랑하기 위해 자기를 희생한 하나님의 마음에 전율하며 울었다.

내가 목사가 된 이유는 바로 이러한 인간 이해와 하나님과의 인격적 만남의 과정이 있었기 때문이다. 세바스티앙 살가도는 기독교인은 신앙은 아니지만 그의 지성의 행로에서 나와 유사한 길을 걸어왔다.

그는 영혼의 상처를 입고 카메라를 던지고 황폐화된 고향으로 돌아가 나무를 심는다. 사막으로 변했던 그의 마을은 거대한 숲을 이루고 물이 흐르게 되었다. 그는 나무를 심으며 영혼을 치유받는다.

그리고 그는 카메라를 다시 들고 세계를 누빈다. 하지만, 이번에 그의 앵글에 잡힌 것은 울부짖는 인간, 탐욕으로 파괴된 자연이 아니라 순수하고 때묻지 않은 원시적 자연이다. 그의 가장 최근 사진집의 제목은 그래서 GENESIS다. 천지창조의 근원적 시간으로 회귀하여 인간의 일그러진 본성을 회복시키려는 의지가 담겨 있다.

500페이지가 넘은 사진들은 옵셋 인쇄의 매끄러운 느낌이 아니라 마치 판화를 찍어낸 것 같은 거친 질감을 살려놓았다. 페이지를 넘기다보면 사진인지 판화인지 착각이 들 정도다. 손끝에 착착 감기는 거친 판화톤의 잉크 자국들이 착각을 불러일으키는 것이다.

또 콘트라스트를 강조한 그의 흑백사진들은 단순한 리얼리즘을 넘어 예술적 영감으로 다가온다. 콘트라스트가 강한 사진들은 깊이 응시하지 않고 스쳐가듯 직관으로 읽어야 그 의미가 정확하게 다가올 수 있다.

회복되어야 할 인간의 본성을 위해 천지창조의 원시적 시간으로 회귀하고자 하는 그의 열망에서 나는 부활의 메시지를 읽는다. 그는 부활절에 내가 만난 가장 뜻깊은 사람이다.

집단강간처제와 목사의 이력

인도에서 종종 집단 성폭력 사건이 일어나 세상을 경악케 한다. 하지만, 성폭력 사실보다 더 사람을 질리게 하는 것은 그 사건을 대하는 인도 정부와 인도 사람들의 태도다.

사실로서의 집단 성폭력 이전에 의식으로서의 집단 강간체제를 신분질서 안에 오랫동안 구축해온 탓이다. 성폭력 사건은 인도 사람의 문제가 아니라 인도의 사회질서계급체제의 문제다.

처음 만나는 사람이 자신을 소개하는 짧은 순간에 나는 그 사람의 성향신분이나 지위가 아닌을 직관적으로 읽어버리는 습관이 있다. 그런데 그 직관은 거의 빗나가지 않는다.

이력명함, 홈피, SNS에서의 프로필 등을 보면 그가 어떤 사람인지 대충 알 수 있다. 선거철만 다가오면 경박하게 뿌려지는 후보자들의 명함에는 학력이 부각되는데, 대부분 동네 유지들의 학력세탁에 사용되는 특수대학원경영, 행정대학원 등 이력이 강조 된다. 이런 명함을 가진 사람은 백프로 졸부라고 보면 된다.

다음으로 지방대학의 겸임교수라는 기형적인 이력이 등장하는데 이들은 지적 졸부에 지나지 않는다. 이들은 자신을 지식인으로 위장하려 하나 몇 마디의 대화만으로도 무지의 바닥을 드러내고 만다. 우리나라 지방대학의 겸임교수가 어떠한 커넥션을 가지고 있는지 굳이 말하지 않겠다.

이들은 이런 싸구려 이력을 통해 자신이 세속적으로 성공한 사람이며 그런 성공의 가면으로 또 다른 신분세탁이 가능하다고 믿는 경향이 있다. 그런데 이런 유치찬란한 가면놀이가 통하는 사회는 미성숙한 사회다.

주렁주렁 위선적인 이력을 늘어놓는 사람들은 자신의 현재 상태나 신분에 만족하지 못하는 사람들이다. 그래서 위선의 가면을 쓰는 것이다.

그런데 이런 가면놀이는 세속적 명리를 추구하는 속물들에게만 있는 게 아니다. 목사들의 세계에도 이력의 가면이 아무 부끄러움 없이 쓰이고 있다. 특히 교단의 주류신학대학을 나오지 못한 목사들에게 컴플렉스가 많다. 그래서 이들은 자신이 졸업한 학교보다 상위에 있다고 생각되는 대학의 석사나, D.min과 같은 지방대학의 학위들로 치장하기를 좋아한다. 그리고 별볼일없는 정치적교단이나 지역사회, 또는 동문모임 등의 직함까지 시래기 줄기처럼 매달기를 좋아한다.

'목사'라는 직함이 그렇게 부족해 보이고 부끄러운 건가? 그것만으로 교회와 세상 앞에 당당하게 설 수 없는가? '목사'라는 이름 하나로 교회와 세상 앞에 당당하게 서서 외칠 수 없다면 그는 누구란 말인가?

목사를 청빙하는 교회들이 '목사'와 그에 합당한 목회자로서의 자질과 능력 말고 다른 것을 원하는 것, 이것은 인도의 신분질서에 내재된 집단강간체제와 다르지 않다. 목사들이 세속적 기준에 의해 이력을 강간당하고, 교단은 그것을 당연하다는 듯이 방치하는 이 사태가 인도의 그것과 무엇이 다른가.

싸구려 그림들

사진을 인화하기 위해 USB에 파일을 담아 사진관에 맡기고 몇 번인가 황당한 일을 겪었다. 사진관 주인 맘대로 원하지도 않은 보정을 해서 출력해 준 것이다. 사진관을 바꾸어도 마찬가지였다. 특별히 보정하지 말라고 주문하지 않는 이상 보정은 사진관의 관례화된 서비스 품목이 되어버린 것 같다.

나는 사진을 찍을 때 거의 표준렌즈를 쓴다. 예전과 달리 줌렌즈의 해상도가 단렌즈와 차이나지 않을 정도로 기술이 좋아졌다. 그리고 줌렌즈의 편의성도 매우 매력이 있다. 하지만, 사실적인 맛을 좋아하는 나는 과감히 줌을 포기하였다. 사진은 기술이 아니라 빛을 다루는 예술이다.

그런데 이 예술 작품에 기계적인 방법으로 보정뽀샵을 해 버리면 사진을 찍은 사람의 예술적 직관과 주제가 파괴된다. 맥락 없는 그림이 되어버리는 것이다. 발터 벤야민은 '기술 복제 시대의 예술'에서

Aura개념을 정초하며 복제될 수 없는 원본성을 설파하였다. 내가 카메라라는 차가운 기계를 통해 보고자 하는 것도 Aura다. 이것이 무너질 때 예술은 기술로 전락한다. 벤야민이 사진이라는 새로운 기계 그림의 출현을 보면서 우려했던 것이 이것이었다. 그리고 그는 기술이 예술을 대체할 수 없다는 확신을 가졌다.

아이들이 성인이 되는 시점을 기해 스튜디오에서 가족사진을 찍자는 아내의 제안에 맘이 내키지는 않았지만 응했다. 그런데 인화된 사진을 보고 경악하고 말았다. 너무 보정을 심하게 한 것이다. 사진 속의 나는 20대의 꽃미남으로 변해 있었다. 스튜디오 사진의 한계이기는 하지만, 지나치게 인물의 개성을 죽여버렸다. 마치 조각상의 얼굴에 시멘트를 덧대 미장을 한 것처럼 피부는 뭉개지고 얼굴선도 희미해졌다. 너무 화가 나서 울화가 치밀었다. 아내와 아이들이 좋아하는 것을 위안 삼아 아무 말도 하지 않았다.

자본주의사회, 그것도 우리나라와 같이 신자유주의에 종속된 사회에서 나타날 수 있는 현상이 사진의 보정 기술에 그대로 나타난다. 맥락을 살해하고 자기가 얻고 보고 싶은 것만 과대하게 포장하는 이 놀라운 속임수에 우리는 지배당하고 있다. 한국의 주류 언론들은 경제적으로 최고의 호황과 안정을 누리던 시기에 '경제를 살리겠다'는 대통령 후보의 구호를 클로즈업했다. 그리고 그의 비리 혐의를 멋진 보정술로 덮어주었다. 신화화된 전직 대통령의 딸, 정신적으로 빈곤하고 인격적으로 저능한 사람의 실상을 철저하게 감추었다. 부패한 언론은 진실을 왜곡하고 권력자가 보여주고 싶은 것만 확대하여 보여주었다.

맥락이 없는 사진그림은 필요한 것만 확대하여 명징하게 보여주는 망원줌렌즈의 아웃포커싱 기법이나, 사실성을 파괴하여 허황된 아름다움으로 조작해내는 보정술포토샵이 만들어내는 죽은 그림이다. 이런 그림을 일컬어 소위 이발소 그림이라고 한다. 기계적인 방법으로 대량생산된 그림, 아우라가 없는 그림 말이다.

오늘날 우리 교회들에서도 성경의 맥락을 무시하고 자기가 보고 싶은 것, 자기가 하고 싶은 말만 골라서 확대하고 보정하는 경향이 있다. '말씀 중심'이라고 큰 목소리로 떠드는 교회나 목회자들에게 특히 이런 보정술은 아무 의심없이 사용된다. 성경은 대부분 서사적인 맥락으로 구성된 텍스트다. 서사에서 맥락을 제거하면 의미 없는 문자만 남게 된다.

진보와 보수는 서로 다른 방법을 갖고 있지만 궁극적으로 동일한 가치를 지향하는데, 그것은 인간의 보편적 가치를 어떻게 실현시킬 수 있느냐에 있다. 마이클 센델의 〈정의란 무엇인가〉가 선풍적인 인기를 누렸던 것은 우리 사회에 인간 자신을 위한 보편 가치가 왜곡되고 비틀려있다는 것을 반증하는 것이었다. 나는 스스로 진보주의자로 자처하지만 보수적 가치 역시 중요한 덕목으로 생각한다. 우리의 학문과 일체의 담론이 내가 속한 '인간'이라는 집단의 이기성에 정초하고 있기 때문이다. 모든 것은 인간이 '존재하기 위해' 이루어지는 과정이며 도구일 뿐이다.

그런데 우리 사회에 소위 보수라고 자처하는 사람들의 논리를 보면 폐쇄적이고 배타적인 집단 이기주에 빠져있는 것을 알 수 있다. 천박하고 야만스러운 동물적 탐욕이 이성理性의 가면을 쓰고 인간의 무대에 등장한 것이다. 성경은 특히 구약의 예언서는 하나님의 공의를 눈물 나게 강조하고 있는데, 인간의 인간됨이 하나님의 인간에 대한 뜻이라는 점을 명확히 한다. 인간의 인간됨이야말로 인간 안에 내재된 하나님의 품성이기 때문이다.

그런데 우리 사회가, 그것도 교회나 신학자가 이러한 야수적 논리의 한편에 아무런 생각없이 편승하고 있는 것을 볼 때 환멸감이 든다. 평생 골방에 갇혀 문자와 싸우며 각주나 꼼꼼히 다는 초등학생 같은 학자 말이다. 그런 학자는 인간과 세계에 대한 이해를 골방에서 시작해서 골방으로 끝내는 경향이 있다. 한 번도 광장에 나와 보지 못하는 것이다.

한나 아렌트는 이러한 상태를 '생각 없음thoughtlessness'이라고 정의하였다. 그가 2차대전 이후 예루살렘에서 이루어진 유태인 학살자 아이히만의 재판을 지켜보며 근대의 야만스러운 폭력성과 죄의 문제를 통찰하고 얻은 결론이었다. 생각 없이 조직과 상부의 논리에 따라 움직이는 기계적 인간은 관료사회가 낳은 작품이다. 아렌트가 발견한 '악의 평범성'은 20세기 최고의 문제였고 인류의 근원적인 문제라고 생각한다. 악은 특별한 것이 아니라 우리의 일상과 상식 가운데 내재되어 있는 것이다.

그 악은 〈TV조선〉이나 〈채널A〉와 같은 저질 종편 채널 앞으로 골방에 있는 학자나 지성인을 불러 세우고 비논리로 논리를 공격하고 반지성으로 지성을 조종하도록 세뇌시킨다. 지성이 자신의 위치와 인간의 자리를 확인하지 못할 때, 그것은 악의 도구가 될 수 있다. 누군가의 것을 빼앗거나 상해를 입히거나 살해하거나 하는 문제가 아니라 그러한 구조에 침묵하거나 동조하는 지성, 그것이 악의 도구가 되는 것이다.

유태인이었던 한나 아렌트는 자신의 스승 하이데거가 나치 협력자라는 사실을 알았을 때 그 심정이 어떠했을까? 그래서 스승을 떠날 때의 마음이 어떠했을까? 아렌트가 하이데거의 평생의 연인으로 남았던 아이러니를 지워버리고 나면 그녀의 심장에는 스승이 아닌, 인간에 대한 환멸만이 남았을 것이다.

나는 지금 아렌트의 심장 속에 들어와 있다. 인간과 인간의 지성에 대한 환멸로 쓰라리게 맥박 치는 아렌트의 심장 속에서 나는 아렌트와 함께 울고 있다.

한국 개신교회 교인들의 십자가에 대한 관념과 이해
는 대부분 '구원'에 편중되어 있다. 십자가 사건을 개인
과 인류 구원의 징표처럼 여기고 있는 것이다. '구원'은 제국의 압제로
부터 탄압받던 초대교회가 가지고 있었던 신앙에 대한 열쇠말이었다.

그런데 이런 구원 관념에는 십자가 사건을 통해 구원이 성취되는
과정은 생략되어 있다. 그런 탓에 이기적이고 경박한 구원 관념만 남
게 되었다. 예수님을 구원받기 위한 도구로 인식하는데 머무르면서
예수님처럼 살아야 하는 책임에 대해서는 외면하고 있기 때문이다.
이런 구원관념에 매몰되고 확신에 찬 사람일수록 '예수님처럼'이라
는 실천적 담론과 구원 과정을 외면한다. 구원의 확신은 세속적 윤리
와 도덕을 초월하여 존재할 수 있다는 명분으로 타자에 대한 폭력도
서슴지 않는다. 여기서 폭력이라 할 때 그것은 종교전쟁을 통해 나타
나는 육체적 폭력, 사람을 특정 집단의 도그마에 종속시켜 복종케 하

는 정신적 폭력, 종교집단이 지배이데올로기에 편입되었을 때 나타나는 이념적 폭력 등과 같이 유무형의 모든 억압적 지배체제를 포괄한다.

나는 다니엘서를 본문으로 설교하면서 '고난 받을 용기'에 대해 말했다. 다니엘이 비천한 전쟁노예의 신분에서 왕의 총애를 받는 자리에 올라 신분이 급상승했지만, 그는 왕이 베푸는 식탁을 거부했다.

세속적 명리에 취하지 않는 다니엘의 이 견고한 사유의 기저에는 신앙의 순수성도 있었지만, 제국의 침략전쟁으로 희생당한 생명을 대가로 차려진 풍성한 식탁을 바라보는 인간과 역사에 대한 통찰도 있었다. 다니엘은 기름진 음식에 담겨있는 약자들의 신음을 들을 수 있는 젊은이였다. 그는 값비싼 의복에 묻어있는 가난한 직공들의 땀과 눈물을 볼 수 있는 눈을 가진 젊은이였다. 자신의 입신양명보다 고통 받는 사람들의 존재를 이해하고 그들의 편에 서고자 한 사람이었다.

그에게 주어진 왕의 총애를 잃고 고통을 당하거나 죽임을 당할 두려움까지도 기꺼이 감수할 준비가 되어 있는 젊은이였다. 이것이 하나님과 함께 하는 순수한 신앙의 모습이다. 다니엘은 신앙의 순수성을 통해 어떤 목적을 달성하려 한 젊은이가 아니었다. 신앙은 목적을 위한 수단이 아니라 하나님의 정의를 이해하고 실천하는 행위라는 것을 깨달은 사람이었다. 그리하여 그는 하나님의 질서와 세속적 질서를 분별할 줄 알고 하나님의 편에 서서 죽음을 각오한 신앙인이었다.

현대 자본주의사회의 지배 아래 있는 속물적인 교인들은 자기 이해에 몰두한, 그래서 신앙행위를 자기 이익을 위한 도구로만 여길 뿐이다. 마트에서 물건을 사듯이 값싼 은혜와 값싼 구원을 인생이라는 카트에 담는 것이다. 이들이 추구하는 십자가의 구원에서 예수의 고난은 찾아볼 수 없다. 이들의 십자가에는 고난을 통해 자기 이해와 욕망의 껍질을 깨고 참된 인간으로 승격되는 과정을 생략한다. 그래서 엘리베이터를 타고 고속으로 구원의 나라에 올라가버리는 환상만이 남게 된 것이다.

참된 그리스도인에게는 고난받을 용기가 있어야 한다. 고난을 피해가게 해 달라고 애걸복걸하지 않고 그것을 당당하게 맞설 수 있는 검을 달라고 외칠 용기 말이다. 참되지도 않고 그리스도인도 되지 못했기 때문에 고난을 두려워하고 세속적 명리와 이해를 좇는 것이다. 그리스도인이 된다는 건 그렇게 쉬운 일이 아니다. 기독교인은 아무나 될 수 있지만 그리스도인은 아무나 될 수 없다. 나의 이익을 버리고 고난받을 용기를 택할 수 있는 건 아무나 할 수 없기 때문이다.

우리교회에 젊은이들이 조금씩 생기면서 나는 이들을 향한 설교의 영역을 넓혀가고 있다. 언젠가 이 설교 앞에 얼굴 표정이 일그러지고 내면이 요동치는 젊은 사람을 보았다. 내면의 질서가 흔들리면서 고통을 느끼고 있는 것이다. 고통을 느낀다는 것은 그가 아직 살아있다는 것이고 건강한 신앙의 미래가 있다는 뜻이다. 나는 가끔 교인들에게 위로와 사랑의 권면을 주기도하지만 고통을 더 많이 주고 싶다. 특히 젊은 세대에게는 더 그렇다.

고통은 자기 내면과 삶의 부조리한 질서를 부수고 새로운 세계를 바라볼 수 있게 하기 때문이다. 우리는 너무 값싼 위로와 사랑에 길들여겨 있다.

본회퍼의 책을 다시 꺼내들고 밑줄 그어진 부분을 따라다닌다. 머리가 아프고 복잡한 일이 있으면 본회퍼의 『나를 따르라』나 『장자─내편』을 읽는다. 본회퍼를 읽다가 마당가에 나가 도끼날처럼 시퍼런 가을 하늘을 바라본다. 오늘따라 저 도끼날이 무섭다.

선거복음과 5번당의 자유

투표함

선거철이 되면 온 거리가 선거 유세로 들뜬다. 도시든 농촌이든 가릴 것 없이 연일 거리마다 빨강색 파란색의 춤 물결이 그치지 않는다. 사람들은 무관심한 것처럼 지나치지만 축제의 분위기를 연출하는 이 거리의 감흥으로부터 누구도 자유로울 수는 없다. 정치에 대한 혐오증이 깊어도 '선거는 민주주의의 꽃'이라는 말은 부정할 수 없다. 선거철은 선택을 통해 민주주의의 가치를 실현하고 새로운 시대를 열고자 하는 시민의 열망이 개화되는 시기다.

그런데 새로운 시대에 대한 열망은 인간의 오래된 역사다. 기독교는 성경을, 특히 예수님의 삶과 행적을 기록한 마태, 마가, 누가, 요한 복음을 4복음서라 한다. 예수님의 탄생과 그의 사역, 그리고 수난과 부활의 과정을 '복음' 즉 '복된 소식이'라고 하는 것이다. 그런데 이 '복음'이라는 말의 헬라어 원어는 '유앙겔리온euangelion'이다. 전쟁터에서 자국의 승리를 알리는 소식, 또는 그 소식을 전하는 사람을 이렇게 불렀다. 그래서 영어권에서는 복음을 'good news'라고 한다. 민주주의에서의 선거 역시 복음euangelion의 기대가 충만한 정치행위다. 이것을 선거복음이라고 부를 수 있다면 선거를 통해 나타날 변화에 대한 기대심리 때문이다.

이 말은 또 황제를 숭배하던 고대 제국의 문화로부터 유래하였다. 새로운 황제의 탄생과 그의 등극을 알릴 때 이 말을 썼다. 새로운 황제가 국태민안國泰民安을 이룰 것이라는 기대감이 유앙겔리온이라는 말에 내재되어 있었던 것이다. 새로운 왕조의 탄생은 새 시대에 대한 기대감으로 충만할 수밖에 없었을 것이다. 또 새 왕조는 그러한 시대를 약속하며 자신의 왕권을 강화할 수 있었을 것이다.

바울은 그의 서신에서 예수님의 사역을 말할 때 이 유앙겔리온euangelion이라는 정치적 용어를 차용하였다. 이후 복음서 저자들도 이 말을 수용하였다는 것이 다수 성서신학자들의 견해다.

그런데 이 용어는 시대와 지역마다 다른 기표를 통해 재활용되었다. 우리나라의 현대사에서도 정권이 바뀔 때마다, 또는 차기 정권을 준비하는 정치인마다 복음을 선포하였다.

박정희–근대화 / 전두환–정의사회 구현 / 노태우–범죄와의 전쟁 / 김영삼–문민정부 / 김대중–국민의 정부 / 노무현–참여정부 / 이명박–경제발전747 / 박근혜–창조경제 / 안철수–새정치 등이다.

이들이 내건 국정 슬로건은 그 시대 시민 대중의 염원을 반영한 것들이다. 당대의 시민은 자신들의 필요와 요구가 새 정부를 통해 구현되기를 바랐던 것이다. 정권을 차지하기 위해서는 시민사회의 요구를 반영하지 않으면 안 되는 게 선거를 통한 대의민주주의의 형식이기 때문이다. 그래서 대통령이든 국회의원이든, 또는 지방자치단체장이나 시군구의원이든 선거철에는 민의民意를 읽기 위해 애쓰는 것이다. '사람들이 정치중앙정부, 국회, 지방정부에 무엇을 요구하는가'를 바짝 긴장하며 들어야 한다.

그런데 가끔 이런 민의民意와 무관한 슬로건들이 선거라는 제도를 통해 수면 위로 부상하기도 한다. 현실정치와는 무관한 종교집단이 정치를 통해 세를 확장하고 권력화하기 위해 등장하는 것이다. 2016년 4.13 총선거에서 〈기독자유당〉이라는 이름으로 기호 5번을 달고 등장한 기독교 보수세력도 그 중 하나다. 그런데 이 단체의 인물들을 보면 아연실색하지 않을 수 없다. 한 때 '빤스목사'로 이름을 날렸던 사람, 교회 재정 유용 문제로 세속법정에 섰던 사람 등이 고문으로 추대된 것이다. 그리고 부패한 정치권력과 유착하여 그들의 이념적 시녀 노릇을 충실히 했던 교계의 지도자들(?)이 한꺼번에 우루루 몰려나와 세를 과시했다. 이들을 묶어서 한마디로 정의하자면 '기독교 일베'라고 해도 과언은 아닐 듯하다.

이들이 내건 슬로건은 동성애와 이슬람, 그리고 기독악법 저지였다. 1,200만 명이라고 주장하는 기독교인들이 몰려나와 비례대표만 찍어줘도 원내 교섭단체는 충분히 만들 수 있다고 계산한 것이다. 그런데 이들의 계산대로 기독교 정당이 원내에 진출한다고 해서 과연 기독교적 가치가 이 땅에 정의롭게 실현될 수 있을까? 이미 이들의 그간 행동에서 기독교적 가치가 얼마나 훼손되고 오염되었는지를 보면 5번 당의 슬로건이 정치 이데올로기에 불과하다는 것을 알 수 있다.

그리고 〈기독자유당〉이라는 명칭을 보면 그 이데올로기적 허구성을 금방 알아차릴 수 있다. 그리스도와 자유가 양립할 수 없는 가치이기 때문이다. 이들이 주장하는 자유는 신앙의 자유나 영혼의 자유가 아니라 보수정권이 주장해왔던 정치 이데올로기적 자유, 빈부의 차이를 정당화하고 약자들을 적자생존의 논리로 억압하고 착취하는 시장주의적 자유라는 것을 알 수 있다. 이 명칭이 가지고 있는 의미와 맥락을 다른 말로 바꾸면 〈그리스도가이사당〉, 또는 〈그리스도맘몬당〉이라고 해도 된다. 가이사는 로마의 황제이고 맘몬은 재물의 우상이다. 예수님은 말씀하셨다. "하나님의 것은 하나님에게로 가이사의 것은 가이사에게로" 라고. 그리고 "하나님과 재물맘몬을 같이 섬길 수 없다"고도 말씀하셨다.

종교가 권력에 가까이 가서 그 힘을 빌리면 교세를 넓히는 데 잠시 유리할 수 있을 것이다. 하지만, 그렇게 넓혀진 교세는 시민으로부터 외면받고 심판의 대상으로 전락하게 된다. 당나라 때 전국을 유행했던 네스토리우스파 기독교인 경교가 당대 민중 반란인 황소의 난을 겪으면서 학살과 파괴의 전란을 피할 수 없었던 것은 그들이 황실과 귀족의 종교였기 때문이다. 갈릴리 작은 마을에서 시작된 그리스도교가 거대 제국 로마를 정복할 수 있었던 것은 로마 지배체제와 대척점에 있었기 때문이다.

같은 유니폼을 입었다고 해서 다 우리 편이라는 생각을 가진 기독교인을 나는 『한국교회의 일곱 가지 죄악』에서 '유니폼 크리스천'이라고 말했다. 기독교는 지향하는 가치에 의미와 구원이 있는 것이지 그들이 입은 유니폼에 구원이 있는 것이 아니다. 누구든 국가대표의 유니폼은 입을 수 있지만 아무나 필드에서 국가를 대표해서 싸울 수는 없다.

이세벨의 내시들

유대인은 자기 조상들의 치부에 대하여 솔직하게 기록하여 그것을 후대의 교훈으로 삼으려는 전통을 가진 민족이다. 이 점에 있어서 유대인은 한민족보다 우월한 지위를 갖고 있다. 그들의 족보는 조상들의 치부를 드러내는 것을 부끄러워하지 않기 때문이다.

유대인이 선대의 왕조를 기록한 열왕기서에 기록된 수치스러운 역사의 한 장면에 이세벨이라는 여자가 등장한다. 북왕조 이스라엘의 7대 왕 아합은 시돈의 공주 이세벨과 정략결혼을 하였다. 그런데 이세벨의 아버지는 시돈의 주신主神 바알바알 멜카르트을 섬기는 제사장으로 그의 이름은 엣바알이었다. 그는 쿠데타를 통해 왕권을 찬탈하여 페니키아를 31년 동안 통치하였다. 그의 재위 기간 동안 수도인 두로는 발전하였고 강성하였다.

아합과 정략결혼 한 엣바알의 딸 이세벨은 약소국 이스라엘의 야훼신을 자기 본국에서 섬기던 바알로 대체하기 위해 부단히 노력하였다. 특히 쿠데타를 통해 왕권을 찬탈한 아버지 엣바알의 욕망과 폭력적인 통치행위를 보고 자란 이세벨은 아합을 뒤에서 조종하며 이스라엘의 종교적 질서와 그에 기초한 백성들의 정신을 강제로 개조하기 위해 매우 저질스럽고 폭력적인 방법을 사용한다.

이세벨은 이스라엘의 전통적인 신앙을 짓밟고 전국에 바알과 아세라의 제단을 쌓았다. 급기야는 수도 사마리아의 중심가에 버젓이 바알의 단을 쌓는가 하면 그것을 국교로 삼기까지 한다. 또한 당대의 야훼 종교지도자들선지자들을 처참하게 학살하기까지 한다.

이것은 종교적인 문제가 아니라 한 시대에 나타난 가치관의 전쟁이었다. 전통적인 야훼신앙의 패러다임을 전복시키려는 이러한 짓은 마치 민주주의 사회에 파시즘의 공포정치를 행하는 것과 다름없었다. 민주주의라는 한 사회의 공적이고 보편적인 패러다임을 깨고 쿠데타적 발상으로 되돌아간 것과 같다. 자기를 반대하는 자들을 숙청하고 학살함으로써 오로지 자기만의 왕국을 만들려는 것이었다. 이세벨은 남편 아합 왕을 막후에서 조종하다가 급기야는 전면에 나서서 직접적인 통치행위까지 하게 되었다.

그녀의 정체성은 한 국가의 왕비가 아니라 바알 멜카르트의 여사제였던 것이다. 야훼를 신앙하는 이스라엘 왕의 왕비로서가 아니라 이방신의 여사제로 살았던 이세벨의 눈에는 이스라엘의 야훼신앙을 전복시키지 않으면 안 되는 것으로 생각했을 것이다. 이스라엘 시민으로 살면서도 그녀는 여전히 자기를 시돈의 주신主神 바알 멜카르트의 여사제로 생각하며 이스라엘을 전복시키기 위해 몸부림쳤던 것이다.

하지만, 이세벨의 이러한 노력은 엘리야를 만나면서 종말을 고하고 만다. 그녀는 갈멜산에서 엘리야와의 대결에서 패한 뒤 자기를 수종들던 내시들에 의해 성문 밖으로 던져졌다. 그리고 그 시체를 개들이 찢어먹는 치욕의 종말을 맞이한다.

그런데 이세벨이 학정虐政을 펼 때 그녀를 소리없이 수발하던 궁정 내시들이 있었다. 그들 역시 이스라엘 백성 중 한 사람들이었고 국가와 종교에 대한 자기 정체성을 가진 자들이었다. 그런 그들이 자기 생각과 신념을 포기하고 이세벨의 학정과 종교적 파괴행위에 침묵하고 있었다. 이세벨 주위에 그녀의 잔혹하고 더러운 통치 행위를 지켜보는 이스라엘의 야훼 신앙인들이 있었지만 그들은 그것을 묵과했다. 대표적인 사람들이 바로 내시들이었다. 그녀의 학정은 그들의 침묵에 의해 지속되었던 것이다.

내시란 남성성이 거세된 존재들이다. 그런데 우리가 '내시'가 사라진 시대에 그 이름을 비유적으로 사용할 때는 생물학적 남성성이 아니라 인간의 보편적 가치와 진실을 생각할 수 없는 맹목적인 순종을 위해 길들여진 존재를 일컫는다. 진실을 보고도 말하지 못하고 진실을 듣고도 생각하지 못하는, 올바른 생각과 가치, 자기 신념을 거세당한 사람들 말이다. 이런 사람들은 가치와 신념에 따라 행동하는 게 아니라 자기 이익에 따라 움직이는 존재들이다.

이세벨은 결국 자기를 떠받들던 내시들에 의해 치욕스런 죽음을 맞았다. 내시는 제 한 몸을 위해 권력에 빌붙어 아부하는 사람들이다. 그들은 시세가 기울면 언제든지 자기 주인을 버릴 수 있는 자들이다. 그들은 가치와 신념보다 자기 안위가 제일의 목표이기 때문이다.

최고의 학부를 나오고 치열한 경쟁 속에서 엄청난 지식을 축적한 사람들이 사법고시와 행정고시, 외무고시 등을 뚫고 들어가 정부의 요직에 앉게 된다. 하지만, 2016년 10월에 온 나라를 발칵 뒤집게 한 박근혜 게이트를 보면 세계의 유수한 명문대학을 나오거나 국내 최고의 고시에 합격한 관료들이 대통령의 주변에 포진해 있으면서도 그녀의 부조리에 모두 눈감고 있었다는 게 밝혀졌다. 모두 내시였던 것이다.

보수를 자처하는 개신교회의 주요 교단 지도자들도 다를 바 없었다. 아니 오히려 대통령을 위한 기도회를 열어 이세벨 같은 대통령을 위해 축복기도를 하는 데 열정을 바쳤다. 그들이 이세벨의 내시들과 무엇이 다른가.